人物叢書

新装版

大《おお》江《えの》匡《まさ》衡《ひら》

後藤昭雄

日本歴史学会編集

吉川弘文館

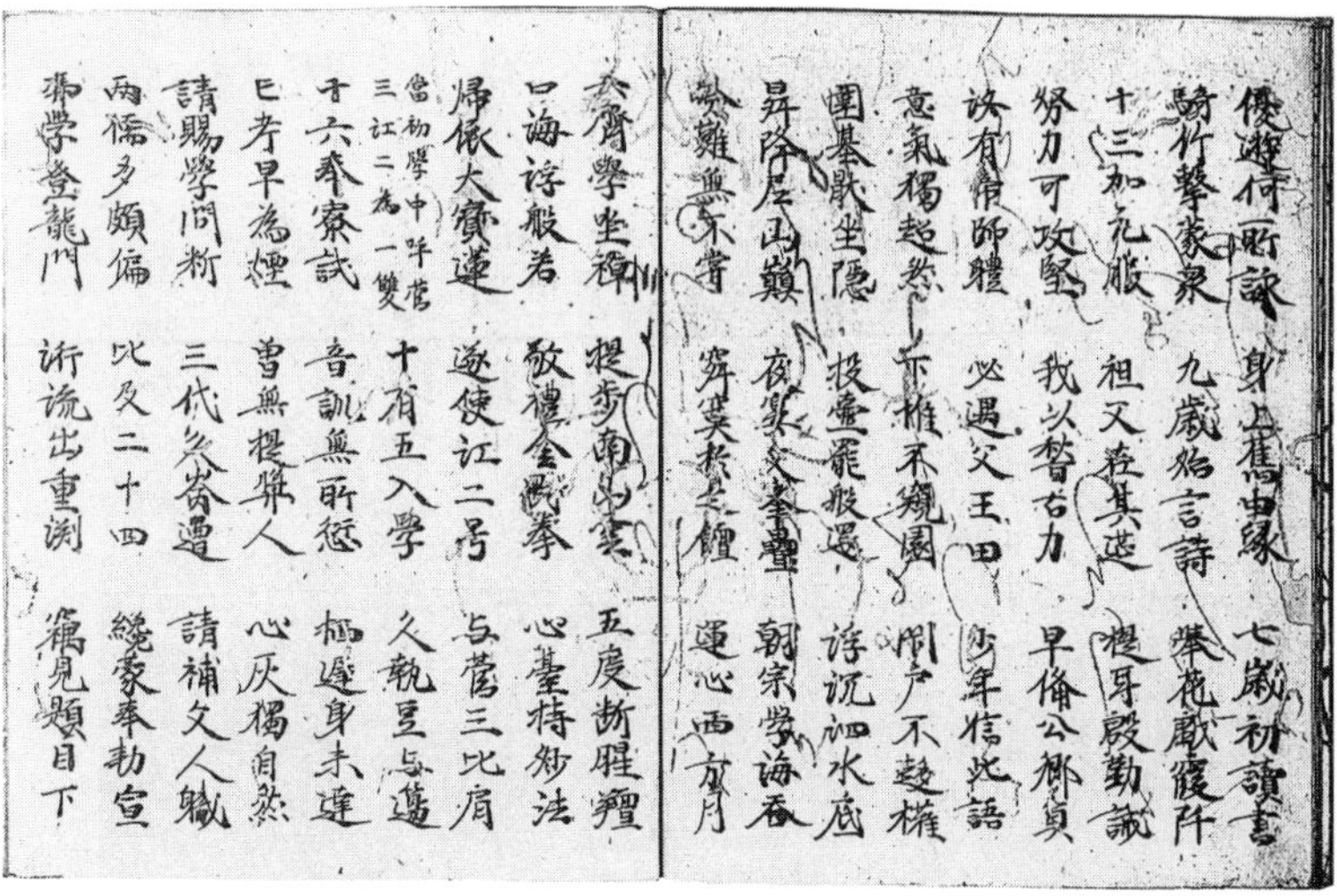
僕遊何所詠　身上舊由緣　七歳初讀書
騎竹擊蒙泉　九歳始言詩　攀花戯履阡
十三加元服　祖父在其筵　提耳殷勤誡
努力可攻堅　我以晉古力　早倫公卿員
汝有脩師體　必遇父王田　少年信此語
意氣獨超然　亦推不窺園　閉戸不趁權
圍碁獣坐隠　投壺罷般還　浮沈泗水底
昇降岳山巓　夜聚文章籍　朝宗学海春
吟難無不當　寄莫教之饋　運心西方月
六齋學坐禪　提歩南山雲　五度断腥羶
口海浮般若　敬禮金光拳　心臺持妙法
帰依大寶蓮　遂使江二君　与藤三比肩
當初學中呼藤三江二為一雙　十有五入學　久執豆与籩
十六奉寮試　音訓無所愆
巳考早為煙　曽無提挈人　心灰獨自然
請賜學問料　三代久絃遺　請補文人職
兩儒多頗偏　比及二十四　纔蒙奉勅宣
兼學登龍門　泝流出重淵　竊見題目下

『江吏部集』所収「述懐。古調詩。一百韻」の首部

この詩は晩年に自らの生涯を回顧した200句の長篇詩. 宮内庁書陵部所蔵本は大永6年（1526）書写の, 諸本中, 最古の写本であるが, 残念なことに抄出本である.

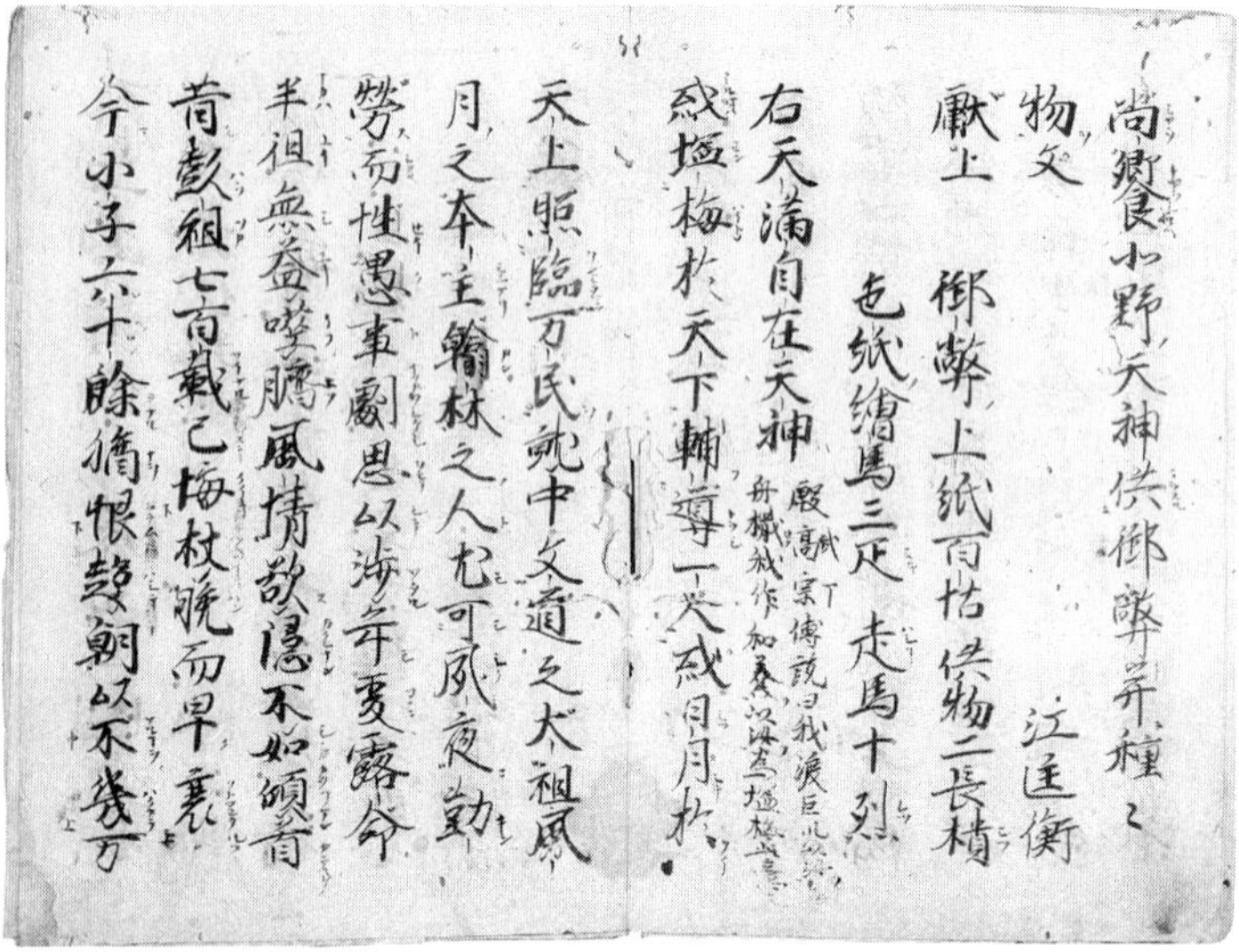

『本朝文粋』巻十三所収「北野天神供御幣并種々物文」

匡衡の絶筆（本文188ページ参照）．大阪府河内長野市金剛寺所蔵の鎌倉時代の写本．詳密な訓点が付されている．

はじめに

本書でその生涯を追う大江匡衡は村上《むらかみ》朝の天暦《てんりゃく》六年（九五二）に生まれ、三条《さんじょう》朝の寛弘《かんこう》九年（長和《ちょうわ》元年〈一〇一二〉）に没した、当時の用語では「文士」、今のいい方では文人であるが、匡衡が没する前年に一条《いちじょう》天皇が亡くなっている。また匡衡がその経歴にふさわしい官職である文章博士の職に就くのは、一条天皇が位に即いて四年目の永祚《えいそ》元年のことであった。つまり匡衡が文人として活躍するのは一条天皇の時代なのであるが、一条朝こそ平安朝文学の精華である『源氏物語』や『枕草子』を生み出した時代である。

それぞれの作者である紫式部《むらさきしきぶ》と清少納言《せいしょうなごん》は、一条天皇の后として寵愛を競い合った彰子《しょうし》（藤原道長《ふじわらのみちなが》の娘）と定子《ていし》（藤原道隆《みちたか》の娘）に仕える女房であった。さらに、歌人として和泉式部《いずみしきぶ》、また匡衡の妻である赤染衛門《あかぞめえもん》があり、紫式部と和泉式部には『紫式部日記』と『和泉式部日記』があることも周知のことであろう。かくて、一般的には、一条朝は女流文学が華やかに花開いた時代というイメージで理解されているに違いない。そのとおりである。ただし、それだけではなかった。

女性の書き手が用いるのは、いうまでもなく仮名である。そこで、仮名は「女手《おんなで》」とも呼ばれたのであるが、仮名は仮の文字の意である。なぜ仮であるのか。それは本来の、正式の文字として「真名《まな》」と呼ばれた漢字があるからである。

文字に、仮名に対して真名があるように、文学にも、仮名の文学に対して漢字の文学——漢詩漢文があった。一条朝の、広くいえば平安朝の、さらにいえば日本人の作った漢詩漢文など、一般の人びとにははなはだ馴染みのないものであろう。しかし、その漢詩漢文が、その時代の人びとにはどう意識され、どう評価されていたか。そのことを物語る格好の逸話がある。『大鏡』頼忠《よりただ》伝の藤原公任《きんとう》（九六六〜一〇四一）に関するエピソードである。

ある年、藤原道長は大井河に船遊びを催したが、趣向を凝らした。作文《さくもん》（漢詩）の船、管弦（音楽）の船、和歌の船と三隻の船を用意し、それぞれの道に優れた人を乗せることにした。その時、やってきた公任に向かって、道長が「どの船にお乗りになるつもりか」と尋ねたので、公任は「和歌の船に乗りましょう」と答えて、その船に乗り、

小倉《おぐら》山嵐の風の寒ければもみぢの錦着ぬ人ぞなき

という、その場にふさわしい歌を詠んだが、彼はこう言った。「作文の船に乗ればよかった。そうしてこれぐらいの出来映えの詩を作っていたら、名声はもっと揚がっていただろうに。残念なことだった。それにしても、道長様から、『どの船にお乗りになるつもりか』とお尋ねをいただいたのは、我ながら鼻が高かった」。

この話は、この後に「一つのことに優れているということさえ、めったにないことであるのに、このように、どの方面にも抜群でいらっしゃるというのは、昔も例のないことです」という語り手の批評があるように、公任の多彩な才能を語るのがもともとの主眼である。

しかし、この話は別の読み方が可能である。公任が「作文の船に乗ればよかった」と後悔したというところに注目したい。これは、公任の時代、すなわち現在の視点からは仮名文学全盛の時代と見える一条朝においてさえ、男性の貴族たちの間では、和歌よりも漢詩の方が、文学として正統な、より価値のあるものと評価されていたことを物語っている。

この、漢詩が上位で和歌が下位という位置関係は、本来的な正式の文字として真名と呼ばれた漢字と、仮の文字としての仮名とのそれとよく対応している。

もうしばらく公任の話を続ける。彼は先の逸話に自ら言うように、漢詩を作る十分な能力を持っていた。一条朝を中心とする詩集として『本朝麗藻《ほんちょうれいそう》』があるが、これには公任の詩が十一首採録されている。作者別の入集数としては五位の数である。しかし公任は文人ではなかった。上流貴族、政治家である。この時代の公卿《くぎょう》の日記に特徴的であるが、公任のように詩を作る能力を有する上流貴族は「属文《しょくぶん》の公卿（あるいは卿相《けいしょう》）」と称された。一条朝は属文の公卿が多く登場した時代でもあった。

寛弘二年（一〇〇五）の七月、公任は中納言と左衛門督《さえもんのかみ》の辞職を決意した。こうした時には天皇に対して辞状を奉呈し、許可を得なければならない。公任はその制作を匡衡に依頼した。この辞状制作をめぐっては、赤染衛門の内助の功のことなど、なかなかに面白い話があり、本文を読んでいただきたいが、ここで注目したいのは、公任が辞状の執筆を匡衡に委ねたということである。単に漢文制作の能力ということでいえば、属文の公卿たる公任にとって辞状の執筆はさほど難しいことではなかったはずである。しかし公任は匡衡に依頼した。

ここには、匡衡に代表される当代の文人の置かれた位置が示されている。平安朝の漢文の名篇を選録した『本朝文粋《ほんちょうもんずい》』には、匡衡は作者別では最も多い数の作品が収められているが、表や願文《がんもん》、奏状など、上流貴族の依嘱を受けて制作した作品がかなりある。このことは、文人として匡衡が重要な位置にあったことを示すものであるとともに、広く貴族社会の中にあっては、詩文制作の専門家という限定的立場に置かれていたことを物語るものでもある。

匡衡の伝を叙述していくに当たって最も基本となるのは、もちろん彼が作った詩文である。いま述べたように、『本朝文粋』には最多の作品が採録されている。他人のために制作したものも含まれているが、多くの作品が残るということは、生涯をたどっていくのに絶対的に有利な条件である。

匡衡には詩集『江吏部集《ごうりほうしゅう》』があり、百三十首余りの詩と二十九首の詩序が収められている。平安朝には多くの文人詩人が登場したが、その詩文集が現存するのはごくわずかな人々である。匡衡はその数少ない幸運な詩人の一人であった。『江吏部集』と『本朝文粋』に残された詩文を通して、我々は、匡衡の思考や人間性、あるいは詩文の表現の特徴、また詩人としての能力などを知ることができる。

また、匡衡は歌人としても、中古三十六歌仙の一人で、歌集『大江匡衡集』を持っている。すなわち和漢兼作の詩人である。『中古歌仙三十六人伝』に記事があり、基本資料の一つとなる。

匡衡の生涯を追っていくうえで、妻で歌人である赤染衛門の存在は大きい。匡衡の歌集『匡衡集』よりも、衛門の歌集『赤染衛門集』の方がはるかに豊かな世界を持っている。以上のようなかなり恵まれた文学資料を主な材料として、平安朝において、よく知られた仮名の文学と共存していたもうひとつの、より正統な文学—漢詩文の世界で活躍した一人の文人の生涯を記すこととする。

本書で資料として用いた文献は後掲の「参考文献」に挙げるが、そのうち最も主要な『江吏部集』は群書類従本（板本）を底本として諸本を対校して作成した本を用いた。また『大江匡衡集』と『赤染衛門集』はその注釈の作品番号を付した。

本書の刊行には、いささかの感慨がある。私事に亘るが書き記すことをお許しいただきたい。

大江匡衡の詩集、『江吏部集』は、日本漢文学の研究を志して大学院（九州大学）に進学して初めて出会った平安朝文人の詩集であった。今井源衛先生が演習のテキストとしてこの書を取り上げられたからである。のちには先生の主宰される研究会へと場が移ったが、私はこの席に列なることで、『江吏部集』を一通り読み通すことができた。本書の執筆に際しても、今は色褪せた、その時のノートと手作りの索引とが結構役に立った。

そうした大江匡衡の伝記を「人物叢書」の一冊として公にすることができるのは幸いなことである。加えて、本書は私が職を退くのに合わせるかたちで刊行される。最初の出会いを以て終わりを閉じる。やはり感慨を覚えざるをえない（しかし、これは、別の見方をすれば、私の歩みのいかに遅々たるものであったかを示すものであるが）。

こうしたかたちで刊行されるについては、まず原稿の清書には仁木夏実さん（日本学術振興会特別研究員）の全面的な援助があった。また私の微意を汲んで、日本歴史学会理事会には、迅速に事が進むように格別の配慮をいただいた。これらのご配慮とお力添えに深く感謝申し上げる。

ただし、一つの大きな心残りがある。それは今井先生が亡くなられて、本書をお目にかけることができなくなったことである。日本歴史学会から執筆依頼があったのち、先生にお会いした折に、「先生、私も人物叢書に書くことになりました」とご報告したことを覚えている。「私も」と言ったのは、周知のように、先生に『紫式部』があるからである。その時、先生は喜んで下さって、伝記研究の楽しさと難しさとを語られた。本書をお目にかければ、きっと喜んで下さっただろうが、それもかなわなくなってしまった。まことに心残りなことである。

二〇〇六年一月

後藤昭雄

目次

口絵

挿図

第一　稽古の力

第一は匡衡の誕生から結婚までである。匡衡は村上《むらかみ》天皇の天暦《てんりゃく》六年（九五二）に生まれたが、この時代は後代から〈聖代〉として憧憬の目をもって回顧される時代であった。その根拠とされたことの一つは文道の隆盛であったが、その中心にあったのは匡衡を生んだ大江氏で、さらには彼の祖父に当たる維時《これとき》であった。匡衡はこの祖父に大きな影響を受けて成長することになる。

一般的に、伝記を記述していくうえで、少年期については資料の欠如を嘆かねばならないことが多いが、匡衡には、その文学的自伝と称しうる「述懐。古調詩。一百韻」という長篇詩があって、少年時代の匡衡の姿も伝えている。

大学寮での修学は、学問の家、江家《ごうけ》の一員たる匡衡にとっては既定の当然のルートであり、専門課程である文章得業生《もんじょうとくごうしょう》を目指すこととなる。赤染衛門《あかぞめえもん》との結婚も、大学での修学が対策及第という期待された形で完了するのとほぼ同時期であっただろうと考えられる。二十歳台の後半である。赤染衛門は当代の代表的歌人として大部な歌集を残すことになるが、そこからは、夫匡衡とともに歩み、その大きな支えとなった妻の姿が見えてくる。

一　誕生とその時代

生　誕

匡衡は天暦六年（九五二）に生まれた。長和《ちょうわ》元年（一〇一二）六十一歳で没したとする『日本紀略《きりゃく》』（同七月十六日条）の記事からの逆算である。

大江氏とは

匡衡が生を享けた大江氏はどのような家系であるのか。その初めにまで遡ってみよう。大江氏は「菅江」と並称される、菅原《すがわら》氏と並ぶ学問の家であるが、その学問の家、江家の始祖として位置づけられるのは、匡衡の四代前の大江音人《おとんど》（八一一〜八七七）である。

大江音人

大江朝《あさ》綱《つな》（後述）が「菅秀才」の対策及第を祝賀した詩（『扶桑集《ふそうしゅう》』巻九）に次のようにいう。

東西異なるといへども本《もと》門を同じくす
累代の通家《つうか》道なほ存す

前句に朝綱自身の注記がある。

江家の始祖

予が祖父相公、天長《てんちょう》年中、業を君が高祖京兆尹《けいちょういん》に受く。承和《じょうわ》の初め、東西に曹を別《わ》かち、各自家を名のる。

「祖父相公」が音人である。彼は菅原氏の「高祖京兆尹」、道真《みちざね》の祖父に当たる清公《きよとも》（七七〇〜八四二）に教えを受け、のち大学寮の文章院《もんじょういん》を二分した東曹と西曹とを主宰して、それぞれに家門を立てた。注記はこのようにいう。

また、このことを匡衡も述べている。子の挙周《たかちか》に学問料（奨学金）が与えられることになったのを喜ぶ詩（『江吏部集《ごうりほうしゅう》』巻中。以下、『江吏部集』所収作品は巻の上・中・下のみで示す）に、

君が家（菅原家）は七代吾が家は六
ただ拝す東西二祖の霊

といい、次の注記を付す。

菅江両家の始祖、文章院の東西の曹を建立す。爾後《じご》二百年、箕裘《ききゅう》（伝統）の業、今に絶えず。

大枝から大江へ

音人は本主《もとぬし》の子（『扶桑略記《ふそうりゃっき》』元慶《がんぎょう》元年〈八七七〉十一月三日）、本姓は大枝《おおえ》で、貞観《じょうがん》八年（八六六）十月十五日に大江に姓を改めている（『日本三代実録』）。本主は、もっとも広く用いられる氏族系図である『尊卑分脈《そんぴぶんみゃく》』では、平城天皇の皇子である阿保《あぼ》親王の子とされ、こ

れによって、一般には、大江氏は平城天皇に始まる皇統に属するとされるが、これは家系を高めるための粉飾らしい（所功「平安時代の菅家と江家」）。

所氏が紹介した大江氏の系図『美濃国《みののくに》江氏系図』（内閣文庫蔵）には、

土師氏に出自

諸上――本主――音人

とあり、本主は諸上の子となっているが、諸上は延暦《えんりゃく》九年（七九〇）十二月辛酉（三十日）に大枝朝臣の姓を与えられた土師宿禰《はじのすくね》諸士と考えられる。これに前後して、桓武《かんむ》天皇の外祖母の生家である土師氏の一門に大枝・菅原・秋篠《あきしの》の氏姓が与えられているが、その一員である。これが実際であろう。つまり大江氏は土師氏に出自し、初め大枝氏であったが、音人の時代に大江氏に改めたのである。

勅撰集の詩人

なお、このように見てくると、平安初頭期成立の勅撰漢詩文集である『経国集《けいこくしゅう》』の詩人に、大枝直臣・大枝永野・大枝磯麻呂《いそまろ》という、三人の大枝氏がいることが注目される。直臣は文章生で（巻十一目録）、磯麻呂もその詩が奉試詩であることから、やはり文章生であったと考えられる。後代の大江家の人々には、文章院の曹司を主宰した音人が江家の始祖と意識されていたが、それに先立つ八世紀後半期から九世紀初頭の大枝氏にも、大学寮に学び、勅撰詩集に入集するような者がいたのである。

父大江重光

匡衡の父は重光《しげみつ》であるが、重光については不明の点が多く、この時の彼の年齢、官位もはっきりとはわからない。これより六年前の天慶《てんぎょう》九年（九四六）二月、文章博士の菅原在躬《ありみ》と紀在昌《きのありまさ》が大江重光が方略試を受けることの許可を申請している（『類聚符宣抄《るいじゅうふせんしょう》』巻九）。この時、重光は正六位上、近江権大掾《おうみごんのだいじょう》である。翌天暦元年閏七月二十日、重光を及第させるようにとの宣旨が下っている（『九暦《きゅうれき》』）。

その経歴

ただし、この時の重光の年齢は未詳である。一方、弟の斉光《ときみつ》は『公卿補任《くぎょうぶにん》』（天元《てんげん》四年〈九八一〉）に記載があって、かなり詳しく経歴をたどることができる。これを参考にすると、彼は天徳《てんとく》元年（九五七）に二十三歳で対策に及第している。重光の対策及第もほぼ同年齢と考えると、匡衡が生まれた年には重光は二十八歳前後となる。この後、重光の名が記録に現われるのは九年後の応和《おうわ》元年（九六一）六月で、時に従四位下、式部少輔《しきぶのしょう》である（『類聚符宣抄』巻七）。

匡衡が生まれた時、父重光は五年前に対策及第も果たし、少壮の文人官僚として官職に就いていたものと思われる。

母三河

母については『中古歌仙三十六人伝』（以下、『歌仙伝』）に「一条摂政《せっしょう》家女房参河《みかわ》。時《とき》用女《もちのむすめ》云々」とある。一条摂政は藤原伊尹《これまさ》である。その家に仕える女房という。伊尹が摂政になるのは後年のことで（天禄《てんろく》元年〈九七〇〉）、天暦六年にはまだ参議《さんぎ》にもなっていない。彼女はのちに伊尹家の女房となったのであろう。しかし「時用女」というのは疑問がある。時用から連想されるのは赤染時用であるが、彼はのちに匡衡の妻となる赤染衛門の父である。つまり匡衡の母をこの時用の娘とすると、匡衡は母の姉妹を妻としたことになり、これは常識的には考えられない。母についての「時用女云々」という注記は赤染衛門の伝との混同によるものであろう。母については後にまた述べることになる。

聖代の治世

匡衡が生まれた天暦六年は村上天皇の治世である。匡衡自身が後年、声高に唱えることになる〈聖代としての天暦〉の真直中である。村上天皇の父、醍醐《だいご》天皇の治世の延喜《えんぎ》と併せてこれを聖代と見る、いわゆる延喜天暦聖代観においては、この二代が聖代たる理由の一つは当代における文道の興隆であったが、天暦期にその中心となったのは、匡衡の祖父維時《これとき》と朝綱の二人であった。

菅家の隆盛

先に述べたように江家の始祖と位置づけられるのは大江音人である。一方、菅家《かんけ》の祖となるのは平安初頭期、いわゆる勅撰三集の時代に活躍した清公であるが、音人は清公を師として学んでいる。このことと、菅原家に清公の孫である道真が現われ、儒家の出身者としては異例の右大臣という高位に昇ったことから、道真の時代までは菅家が江家を圧倒していた。

菅原道真の失脚

　しかし、延喜元年（九〇一）に起こった、その道真の大宰府《だざいふ》への左遷は、儒家の世界の勢力図を大きく変化させることとなった。左遷は道真だけではなく、数多くいたその子供たちにも及んだからである。道真は周知のように大宰府で客死《かくし》する。子供たちは漸次許されるが、以前の勢力を取り戻すことはできなかった。このような菅家に代わって、儒家の中心的位置を占めるようになったのが大江氏である。それには維時と朝綱という二人の俊秀が現われたことが大きく寄与している。

二人の俊秀維時と朝綱

　維時は千古《ちふる》の子で、匡衡誕生の天暦六年には六十五歳、これ以前にすでに参議に昇っており、正四位下で式部権大輔《たいふ》、近江守の官を帯びていた。朝綱は千古の兄弟の玉淵《たまぶち》の子。つまり二人は従兄弟である。朝綱は維時より二歳年長であるが、位官では一歩遅れを取っていて、時に従四位上、左大弁《さだいべん》、勘解由《かげゆ》長官であった。翌七年には参議となる。

大江氏の飛躍

　この大江氏の二俊秀が儒家として中心的位置を獲得していく足跡を追ってみよう。早く醍醐朝の延長《えんちょう》六年（九二八）十二月、大内記《だいないき》の朝綱は命を受けて内裏《だいり》屏風詩を詠作した。小野道風《おののみちかぜ》の名筆として現存する『屏風土代《どだい》』はその一部である。承平《じょうへい》・天慶の相次ぐ二つの年号は維時・朝綱の二人が撰進したものであった。

『日観集』

村上天皇は東宮《とうぐう》時代、平安初頭の勅撰三集以後、漢詩集の編纂がなされていないことを残念に思い、承和《じょうわ》（八三四〜）から延喜（〜九二三）に至る時期の漢詩を集めた集の編纂を思い立つが、その命を承けたのは大江維時であった。これは『日観集《にっかんしゅう》』二十巻として結実するが、現在は序文が残るだけである（『朝野群載《ちょうやぐんさい》』巻一）。成立は天慶七年（九四四）から九年までの間と考えられる。

撰国史所別当

匡衡が生まれて二年後の天暦八年（九五四）、朝綱は撰国史所《せんこくししょ》の別当《べっとう》に任命された（『類聚符宣抄』巻十）。撰国史所は『三代実録』の後を承ける国史の編纂を目的として設置された機関で、『本朝書籍目録《しょじゃくもくろく》』に「新国史　四十巻 朝綱撰、或清慎公撰、自仁和至延喜」と見える「新国史」がその成果と考えられている。別当は編纂事業の最高責任者であるが、朝綱が天徳元年（九五七）に亡くなった後は、この地位は維時に引き継がれる。すなわち勅撰国史の編纂の中心的役割を大江氏の二人が担ったのである。

「坤元録屏風」の詩

村上天皇の勅を受けて「坤元録屏風《こんげんろくびょうぶ》」が作成された。『坤元録』は中国の地誌で唐の太宗《たいそう》の子、李泰《りたい》の撰である。これに見える名所の絵を巨勢公忠《こせのきんただ》が描き、屏風詩の題目を大江朝綱が撰定し、これにもとづいて朝綱・橘直幹《たちばなのなおもと》・菅原文時《すがわらのふみとき》の三人が六十首の詩を作り、その中から大江維時が二十首を選び出し、これを小野道風が書いた（『江談抄《ごうだんしょう》』

巻四―一九)。この屏風詩の制作は後代の文人たちにも噂されるほどの盛儀であったが、ここでも朝綱・維時の二人が重要な役割を演じている。なお、この屏風のことは『日本紀略』は天暦三年(九四九)条に記録しており、『江談抄』は天暦十年とするが、参加者に付された官職から考えると、天暦五年から七年までのこととなる。

『千載佳句』

成立年時が不確かであるが、この時期、『千載佳句《せんざいかく》』が編纂された。唐代の詩人(若干の新羅人を含む)の七言詩から二句一聯を摘句し、その一〇八三首を類聚した大部の佳句集である。『和漢朗詠集《わかんろうえいしゅう》』の成立に大きな影響を与えることになる詩集であるが、その編纂を行ったのは大江維時である。

文学学問の首座

以上の諸事に、菅原氏に取って代わって文学学問の世界の首座となった大江氏のリーダーとしての維時と朝綱の姿を見ることができるのであるが、このうち天暦以後の諸事は、また村上朝の文運の隆盛と村上天皇自身の好文を物語るものでもある。

村上天皇の好文

時の天皇の漢詩文の好尚は時代の風潮を醸成するのに与《あずか》って力があったと思われる。村上天皇は自らも詩を作った。今は摘句も含めて二十二首の詩が残るだけであるが、『権記《ごんき》』長保《ちょうほ》二年(一〇〇〇)二月三日条によれば、「天暦御製詩草一巻」があった(『通憲《つうけん》入道蔵書目録』に見える「天暦御集一帖」は同じものか)。こうした時代に、匡衡は生を享けたのである。

二　少年期

述懐詩

少年時代の匡衡の動静を伝えるのは匡衡自身の詩である。「述懐。古調詩。一百韻」(巻中。以下「述懐詩」)は、晩年に自らの生涯を回顧した二百句にも及ぶ長篇詩で、匡衡の文学的自伝と称しうるものである。したがって、彼の生涯をたどっていくうえでの根本資料であり、たびたび利用することになるが、ことに他に資料のない少年期については、この詩が唯一の資料となる。

読書初め

最初に詠まれているのは天徳二年(九五八)、七歳の読書初めのことである。

　七歳にして初めて書を読む、竹に騎《の》りて蒙泉《もうせん》を撃《う》つ。

撃蒙

「竹に騎る」とは竹馬に乗ることで、幼少期の行動の象徴的表現、「蒙泉を撃つ」は中国の古典『周易《しゅうえき》』に基づく表現で、「山下に泉を出すは蒙なり」と「蒙を撃つ」に拠る。山の下から流れ出したばかりの水は無知な子供の比喩で、これをひらき教えることが「撃蒙」である。のち寛弘《かんこう》二年(一〇〇五)匡衡が侍読《じどく》を勧める一条天皇第一皇子敦康《あつやす》親王の読書初めの詩宴の序（『本朝文粋』巻九）で、大江以言《ゆきとき》は「皇子、月中に智を謝し、山下に蒙を撃つ」と述べているが、これも同じである。竹馬に乗って遊びながら、また書物を読んだ。

初学のテキスト

この時、匡衡は何を読んだのだろうか。その記述はない。初学のテキストとしては先の敦康親王の場合がそうであるように『御注孝経《ぎょちゅうこうきょう》』が選ばれることが多いが、あるいは『論語』、もしかしたら詩句の典拠となっている『周易』であったかもしれない。

読書初めの年齢

七歳での読書初めは、他と比較してどうなのであろうか。匡衡の曾孫の匡房《まさふさ》（一〇四一〜一一一一）も、同様の文学的自伝と称しうる「暮年詩記」（『朝野群載』巻三）を書いているが、それには「予四歳にして始めて書を読み、八歳にして史漢に通じ、十一にして詩を賦《ふ》す」という。経歴を述べることを目的とした作ではないが、橘在列《たちばなのありつら》（?〜九五三?）の「秋夜感懐、敬《つつし》みて左親衛藤員外《さしんえいとういんがい》将軍に献る」（『本朝文粋』巻一）に「吾《われ》は是《こ》れ北堂の士、十歳にして始めて書を読む」と見え、一条天皇は「九歳にして詩書に携《たずさ》はりたまふ」（「一条院四十九日御願文」『本朝文粋』巻十三）という。匡房の四歳というのは突出した早熟であるが、江家という家門を背負っている匡衡の立場を考えると、七歳での読書初めは妥当なところであろう。

詩を詠作

次いでは九歳での詩の詠作である。

　九歳にして始めて詩を言ふ、花を挙げて霞阡《かせん》に戯る。

天徳四年（九六〇）のことである。「花を挙げて霞阡に戯る」はこの初めての詠詩の内容をいう。「霞阡」はもやに煙る道。折り取った花を手にして春の道に楽しむ様を詩に詠んだというのである。これに該当する詩は今は残っていない。

なお、菅原道真は十一歳で初めて詩を詠んだ。その記念すべき作が『菅家文草《かんけぶんそう》』の巻頭に置かれているが、それは「月夜に梅花を見る」の題で詠んだもので、やはり花を主題とする詩であった。

元服

匡衡は十三歳で元服した。康保《こうほう》元年（九六四）のことである。その元服の席における祖父維時の教えは、匡衡にとって、進むべき道を指し示す大きな意味を持つものとなった。

　十三にして元服を加ふ。祖父其の筵《むしろ》に在り、
　提耳して慇懃《いんぎん》に誡《いま》しむ、「努力《つと》めて堅《かた》きを攻むべし。
　我は稽古の力を以て、早く公卿の員に備はれり。
　汝《なんじ》は帝師の体有り、必ず文王の田《かり》に遇はん」と。

維時の教誡

維時の教えの内容を見ていく前に解決しておかなければならない問題がある。このよ

うに、十三歳で元服し、その時に祖父から教誡を与えられたと匡衡はいうのであるが、維時は応和三年（九六三）六月七日に亡くなっていて（『公卿補任』）、これは康保元年の前年となる。つまり事実としては、匡衡の元服の場に維時がいるということはありえないのである。これはどう考えるべきことなのだろうか。

匡衡の虚構

十三歳での元服はそのとおりであろう。また、維時が戒めを与えたのも事実であろう。それは公卿に昇った維時でなければ言えないことである。とすれば、それが元服の場でなされたというのが〈虚構〉ではなかろうか。あるいは匡衡の〈思い込み〉であったかもしれない。匡衡の生き方を方向づけるような発言は、やはりそれにふさわしい場でなされなければならなかったということであろう。

祖父の教訓はこうであった。困難に立ち向かって行きなさい。私は学問のおかげで公卿の地位を得ることができた。お前は帝王の師範たる本性を備えているから、きっとそれを実現できる機会に巡り会えるだろう。

教誡の典拠

「稽古の力」は典拠のある語である。後漢の桓栄《かんえい》は太子（のちの明帝《めいてい》）の少傅《しょうふ》（太子を輔導する役）に選ばれ、車と馬とを賜った。彼は学生たちを集めてその車馬と印綬《いんじゅ》（地位を示す印と飾りひも）を並べて言った。「今日蒙る所は稽古の力なり。勉《つと》めざるべけんや」（『後漢《ごかん》書《じょ》』桓栄伝）。また「文王の田に遇ふ」は、太公望呂尚《たいこうぼうりょしょう》が渭水《いすい》で釣りをしていて、狩りにやってきた周の文王に見いだされて、その師となったという故事（『史記』「斉太公世家」）を踏まえる。

匡衡の対応

この祖父の教えに対して、匡衡は次のような態度で応える。

少年此の語を信じ、意気独り超然たり。
帷《い》を下ろして園を窺《うかが》はず、戸を閉ざして権に趨《おもむ》かず。
囲碁には坐隠を厭《いと》ひ、投壺には般還を罷《や》む

学問にうち込む

一心不乱に勉学にうち込み、遊びには目もくれなかった。「帷を下ろして園を窺はず」は、漢の景帝《けいてい》の時代に博士となった董仲舒《とうちゅうじょ》が三年の間、庭を見ることさえしなかったという故事である（『蒙求《もうぎゅう》』）。「戸を閉ざして権に趨かず」は同じように戸を閉めきってひたすらに書を読み、召し出されても応じなかった孫敬《そんけい》のことを踏まえる（『蒙求』）。

学問の力によって今日の江家の隆盛を導き、自らは公卿にも昇った祖父は、少年にとって理想の姿であっただろう。その祖父から与えられた訓戒に匡衡は純粋に応えようとする。この時の祖父の教えは匡衡の前途を指し示し、大いに鼓舞するものとなった。しかしまた、彼を呪縛し、のちには苦悩させるものともなる。

匡衡という名

その記述もなく、匡衡自身も何も語らないが、匡衡という名が与えられたのはこの元服の時であっただろう。そうしてこの匡衡という名は学者として知られた中国の匡衡《きょうこう》に因《ちな》んだものに違いない。匡衡は先の董仲舒・孫敬と同じく漢代の人で、学問を好んだが、家が貧しく明かりがなかった。そこで彼は壁に穴をあけ、隣家の明かりで書物を読み、のち学者として大成し、元帝《げんてい》の時に丞相《じょうしょう》になったという。『蒙求』に、「匡衡鑿壁、孫敬閉戸」と孫敬と並称されている。

三　大学での修学

大学寮に入学

康保三年（九六六）、十五歳で大学寮に入学し、ついで翌四年には寮試（大学寮が行う試験）を受けて合格し、擬文章生《ぎもんじょうしょう》となった。これも「述懐詩」にいうところである。祖父の教えもあり、大学に入学して学び、専門文人としての道を目指すことは、匡衡にとっては既定の当然の選択であった。

紀伝道に学ぶ

当時の大学寮は明経《みょうぎょう》（儒教の経書を学ぶ）・紀伝《きでん》（歴史・文学を学ぶ）・明法《みょうぼう》（法律を学ぶ）・算《さん》（数学を学ぶ）の四道から構成されていた。道は現在の学部である。このうち中心となったのは紀伝道であるが、匡衡が学んだのもここである。

紀伝道は、教官は文章博士《もんじょうはかせ》で定員二名。学生《がくしょう》のための学舎兼寄宿舎として文章院があり、東西に分けられた曹司を菅原氏と大江氏が管理していたが、匡衡の頃は、文章博士は東西の曹司からそれぞれ一人ずつ出すというルールがほぼ守られていた。

学生の進路

成業

学生の定員は二十名で、三史と呼ばれた『史記』『漢書』『後漢書』や『文選《もんぜん》』などを教科書として、中国の歴史・文学を勉強した。入学してから卒業し官職に就くまでのルートは大きく二つに分かれていた。入学ののち、まず寮試を受けて擬文章生となる。これは教養課程である。ついで省試を受験し、及第すると文章生となる。ここで数年間、勉学に励んで、その「文章生の労」によって官途に就くことになる。これが普通のルートである。「成業」と呼ばれたが、今風にいえば、学部を卒業して就職という道である。

対策出身

さらに学業を続けて学者となる道があった。文章生の中から推薦によって文章得業生（定員二名）に選ばれ、一定の年限の修学ののちに方略試（対策）を受けて、これに合格すると専門職に就くことになる。いわゆる対策出身であるが、今でいえば、大学院の博士課程に進学して研究者となる道である。

江家の一員である匡衡が選んだのはもちろん後者である。すなわち、入学――（寮試）

―擬文章生―（省試）―文章生―（推薦）―文章得業生―（対策）―出身という過程をたどっている。当時の専門文人のもっとも典型的な進路である。

寮試

寮試については「述懐詩」に「十六にして寮試を奉じ、音訓愆《あやま》つ所無し」という。テキストを音と訓で読むことが課せられたのである。寮試の場合は史書が用いられることとなっていた（『延喜式』大学寮）。『源氏物語』少女《おとめ》巻に夕霧の大学入学のことが描かれているが、寮試に備えて予行演習をする夕霧は『史記』を読んでいる。

学問料・文人職を申請

その後、学問料（奨学金）と釈奠《せきてん》文人職への補任《ぶにん》とを申請したが、これは認められなかった。「述懐詩」に「学問料を賜はらんことを請ふも、三代久しく崙邅《りんてん》す。文人職に補せられんことを請ふも、両儒頗偏《はへん》多し」という。「崙邅」は険しい山に行きなやむこと、「頗偏」はえこひいきである。「両儒」は二人の文章博士をいうが、該当するのは菅原文《ふみ》時《とき》（九五七〜九八一）と、藤原後生《のちおう》（九六〇〜九七〇）あるいは菅原輔正《すけまさ》（九七〇〜九八一）のいずれかである。

父重光の死

大学寮における修学過程の次の段階である文章生となるのは二十四歳、すなわち天延《てんえん》三年（九七五）のことであるが、「述懐詩」で、十六歳の寮試とこの省試の間のこととして詠まれているので、この間のこととしなければならないが、父の重光が亡くなった。

栖遅《せいち》して身未だ達せず、亡考早く煙と為る。

「栖遅」はゆっくりと休むこと、退隠の意であるが、これは重光の身に降りかかった次のような事態の文学的表現であろう。

省試における不始末

安和《あんな》元年（九六八）六月十三日に省試（式部省が行う試験で、文章生を選ぶ）が行われたが、式部大輔の大江重光が「朱草郊に生ず」という題、および「農」を韻字とすること、五言十二韻で作詩することを決めて奏上し、それに基づいて勅定として示された。ところが、その後、重光は勝手に韻字、韻数を変更したので、過状（始末書）を提出させようとしたが、のらりくらりと逃げている。そこで七月二十五日付で執務停止の処分を受けた。ただし、その後過状を提出したので、九月に処分は解かれた（『類聚符宣抄』巻九）。

式部大輔解任

『日本紀略』の翌安和二年閏五月二十八日条に次のような記事がある。

大輔大江重光朝臣任を去るなり。任中、過有り、他官に遷《うつ》りて罪せらる、法家《ほうか》に勘申せしむ。

重光は式部大輔を解任されている。「任中、過有り、他官に遷りて罪せらる」とは具体的にどういうことなのか未詳であるが、こうしたことを文字通り詩的に表現したのが「栖遅して身未だ達せず」であろう。

これ以後、史料に重光の名を見いだせず、はっきりとした没年も不明であるが、安和二年は匡衡の寮試及第より二年後となる。推測するに、重光は安和二年よりさほど時を隔てず、不如意のうちに亡くなったのであろう。祖父の維時とは反対に、父重光の影ははなはだ薄く、匡衡の作品に父のことが述べられるのはこの時だけである。

『今昔物語集』の逸話

『今昔物語集』に学生時代のこととして次のような話がある。

今は昔、式部大夫大江匡衡と云ふ人有りき。学生にて有りける時、閑院の才は有れども、長《たけ》高くて、指肩《さしかた》にて見苦しかりけるを云ひ咲《わら》ひけるに、匡衡を呼びて、女房共和琴《わごん》を差し出して、「万《よろづ》の事知り給へるなれば、此れを弾き給ふらむ。此れ弾き給へ。聞かむ」と云ひければ、匡衡、其の答をば云はずして、此《か》くなむ読み懸けける、

あふさかの関のあなたもまだみねばあづまのこともしられざりけり

と。女房達、此れを□、其の返しをえすまじかりければ、え咲はずて、かき静まりて、ひとり立ちに皆立ちて去にけり。

（巻二四―五二「大江匡衡、和琴を和歌に読む語」）

女房たちのからかい

女房たちが匡衡を試した話である。和琴（あづま琴）を、几帳の下からであろう、差し出して、「あなたは何でも知っておいでですから、琴もお弾きになれるでしょう」と言っ

たのに対して、匡衡は歌でもって答えた。「私は都と東国の境である逢坂の関すら見たことがないのですから、東国のことは知りません（あづま琴のことは知りません）」。返歌のできない女房たちは黙り込んでしまって、一人去り、二人去りで、誰もいなくなってしまった。

傍線部の「閑院の才」は従来「みやびの才」などと解釈されていたが、新潮日本古典集成本が、もとは「閑院の大将殿に有りけり。才は有れども」のような文章であったものが、一部欠落してこのような本文になったと推測した。『古本説話集』（巻上四）ではこが「学生にていみじき者なり。宇治大納言のもとにありけり。才はきはめてめでたけれど」とあること、また匡衡の歌集『匡衡集』に次のような歌があることから考えると、集成本の解釈は妥当なものである。その歌であるが、

閑院大将どのの女房の、曹司よりまねきけるに、寄りたりければ、ものもいはで、「今はおはせ」といひければ

9　呼ぶやなぞ帰すや何の好《す》き者ぞその故ありやなしや答へよ

女房からからかわれた話として『今昔物語集』の話と共通している。閑院大将は藤原朝《あさ》光《てる》である。

匡衡の体型

『今昔物語集』には「学生にて有りける時」とあるが、この学生は厳密な意味ではなく、大学寮で学んでいた修学中というほどの広い意味であろう。「指肩」はいかり肩のことで、匡衡は背丈がぬっと高くていかり肩、スマートな体型ではなかったということになる。

文章生となる

天延三年（九七五）、匡衡は式部省が行う省試を受けることが認められ、合格して文章生となった。十六歳で擬文章生となって、じつに八年後のことである。「述懐詩」に「二十四に及ぶ比《ころ》、纔《わず》かに勅宣を奉ずることを蒙る」というが、「纔」の文字に、やっとのことでという思いが込もっている。

省試詩

省試詩は「教学為先」という題で、五言八十字、毎句に孔子の弟子の名を詠み込むことが課された（「述懐詩」）。省試の題は中国の古典から選ばれることになっていて、「教学を先と為す」も『礼記《らいき》』「学記」の「古の王者は、国を建て民に君たるに、教学を先と為す」を出典とする。国の基本は教育である。この省試詩は『江吏部集』巻中に収められている。及第して文章生となったのは十月二十八日であった（『歌仙伝』）。

文章得業生となる

翌年の天延四年（九七六）、匡衡は文章得業生に補せられた。「述懐詩」に「明年秀才に挙げらる」というのに拠る。得業生補任の時期については『歌仙伝』には天延三年十月二十八日の文章生補任に続いて、「十二月、秀才に補せらる」とあり、天延三年のこととする。「述懐詩」とくい違いがあるが、匡衡自身のいう所に従う。

文章得業生は文章生二十人の中から、特に成績の秀れた者二人を選んで任命するもので、将来、学者を目指す者が進む専門課程である。唐名では「秀才」という。

対策を行う

天元二年（九七九）、匡衡は対策を遂げた。「述懐詩」に「二十八にして献策す」という。『歌仙伝』によれば五月二十六日であった。対策（献策）は大学寮における最高課程の国家試験であり、原則として文章得業生が受けるのであるが、それも文章得業生となって相当期間の修学を経たのちに認められるものとして、当初は修学年限は七年以上と規定された（『延喜式』大学寮）。「述懐詩」に文章得業生に推薦されたことを「明年秀才に挙げられ、予樟七年を期す」と詠んでいるのは、このことをいう。その期間は時代を経るに従って次第に短縮されてはいったが、匡衡は天延四年に文章得業生となってから四年目で対策を行っている。

問頭博士に菅原文時

対策における答案もまた対策と呼ばれたが、この時の匡衡の対策が策問（問題文）とともに『本朝文粋』巻三に収載されている。策問の作者すなわち問頭《もんどう》博士（試験官）となったのは菅原文時で、時に式部大輔、文章博士、尾張権守《おわりごんのかみ》の官にあった。当時の学制では、試験の公正を期するために、問頭博士は必ず学生とは反対の曹から出ることになっていた。したがって、西曹に属する大江氏の匡衡の問頭博士は東曹の菅原文時が勤めたのである。題は「寿考」であった。「考」は老の意で、〈長寿について〉ということになる。

対策の文章構造

近年、漢文作品としての対策についての研究が進展し、文章構造、その時代的変化などが明らかになってきた(佐藤道生「平安時代の策問と対策文」)。匡衡の対策として残るのは一首だけであるが、対策は本来二条から成るもので、第一条と第二条とで、文章の構造に違いがある。「寿考」は第一条の型を有している。策問はおおむね三段落からなり、初めに題目について説明する。第二段落が中心で、「徴事」と称される具体的な設問が列挙される。文時による設問は次の六つであった。

六条の設問

一、八十歳を越えても老いを忌み嫌って、いつも六十九と称していたのはどの朝廷に仕えていた者か。
二、美酒を下賜されて長寿の祝を受け、しきりに一二三と言っていたのは、何という主人に出会った者か。
三、五行の配置で考えると、不老長生はどの位置になるのか。

四、一万年が一日に当たるという無限の寿命を得たのはどの地方か。
五、長寿の人老子の姿を見ると、どの地が日月に照らされたように明るくなるのか。
六、歌父山ですばらしい音楽を奏した者の年齢はどれほどだったのだろうか。

匡衡の対策も三段落から構成され、第一段落は題目に関する総論で、第二段落で徴事一つ一つに対する答えを述べているが、この解答部分よりもむしろ第一段落に論述の中心があって、詳細に論じている。

対策及第

提出された対策は、問頭博士による審査が行われる。「文」(表現)と「理」(論理)の双方からの五段階評価がなされて及第か否かが決定される。審査結果が「策判」であるが、匡衡については残っていないので、どのように評価されたかは不明であるが、ともかくも及第した。匡衡自身は「述懐詩」に次のように詠んでいる。

徴事は玄《げん》の又玄なり。対《こた》ふる所半分を過ぐ。鵠《こく》を射て纔《わず》かに貫穿《かんせん》す

「玄の又玄」は『老子』の語で、非常に奥深いこと。設問は難問であった。しかし半分以上は答えられたという。ようやく及第したというが、謙遜であろうか、実感であろうか。

対策の一聯

この時の対策の一聯が『和漢朗詠集』巻下・老人に採録されている。

太公望の周文に遇へる、渭浜《いひん》の波面《おもて》に畳めり
綺里季《きりき》の漢恵を輔《たす》くる、商山の月眉に垂れたり

（太公望呂尚が周の文王に出会った時には、その顔には彼が釣りをしていた渭水の波のような皺《しわ》が寄っていた。綺里季が漢の恵帝を輔佐するために商山から出てきた時には、その眉は商山に懸かる月のように白かった）

文時の評

『江談抄』（巻五―六六）にこの対策のことについての話があるが、この句について、文時は下句はそれぞれ「面は渭浜の波を畳む、眉は商山の月を低《た》れたり」とすべきだと評したという。

四　赤染衛門との結婚

赤染衛門

匡衡の妻は歌人として有名な赤染衛門である。その出生について、次のような話が伝えられている（『袋草紙』所引「江記」）。

赤染は赤染時用《ときもち》の娘で、時用が右衛門志《さかん》、尉《じょう》を歴任したので、赤染衛門と称した。しかし実は平兼盛《たいらのかねもり》の子である。

その父

時用は天暦の末年（九五七）から康保初年（九六四）にかけて史書に右衛門志として見える。一方、兼盛は三十六歌仙の一人で、歌集『兼盛集』を持つ歌人である。

源雅信女倫子に仕える

衛門には六百首を超える歌を収める『赤染衛門集』があるが、その歌から明らかになるところでは、衛門は源雅信《みなもとのまさのぶ》の屋敷に出仕して、娘の倫子《りんし》（九六四年生）に仕えていたと思われる。倫子の兄時叙《ときのぶ》（九七八〜八三年に十九歳で出家）が「わらはにおはせしころ」、衛門に恋歌を贈っている（『赤染衛門集』六七番歌）。

結婚の時期

匡衡と衛門とはいつ結婚したのか。このことについて、はっきりとした論拠となるものはない。一般的に考えられるのは、子供が生まれた時をもとに推定するやり方であろう。

子息挙周

この場合についても、挙周《たかちか》が寛弘三年（一〇〇六）に蔵人《くろうど》になっていることから、類例の平均年齢を求め、これに基づいて、彼が生まれた年が推定されている。たとえば林マリヤ『匡衡集全釈』では天元二年（九七九）とする。

挙周の母

一方、この挙周について、『匡衡集』所収の歌の詞書を根拠として、彼は衛門の実子ではないという説が提出されている。初め中将尼《ちゆうじようのあま》（源時清《ときよ》娘）が実の母であるという説が出されたが（斎藤熙子「中将尼考」、林マリヤ『匡衡集全釈』）、最近、中将尼の姉妹がそうであるとする論も出た（田中恭子「『匡衡集』における中将尼との贈答歌」）。衛門が挙周の実の母でないとすれば、彼の生まれた年を、匡衡と衛門の結婚の時期の推定に用いるのはおよそ意味がない。

二人の娘

匡衡には娘もあった。『尊卑分脈』には江侍従があげられ、一本に「母赤染衛門」の注記がある。また『赤染衛門集』の歌から、娘がもう一人いるということは言われていたが、最近の研究で、この二人の関係の輪郭が明らかになってきた（田中恭子「江侍従伝新考」、「赤染衛門のむすめたち―「侍従といひし人」と江侍従―」）。

姉の侍従

それによると、ともに衛門が産んだ娘で、『尊卑分脈』の江侍従は妹である。姉もやはり父の官職の次侍従によって、侍従と呼ばれ、藤原道長《みちなが》家に仕える女房であった。高《たか》階業遠《しなのなりとお》（九六五年生）の妻となったが、母に先立って亡くなった。『赤染衛門集』に「むすめの亡くなりしに服すとて」という詞書を持つ歌（五一八番）があるが、「同じころ」という五一九番歌が藤原道綱《みちつな》の死を悼むものであることから、これと同じ寛仁《かんにん》四年（一〇二〇）の作となる。すなわち姉娘はこの年に亡くなった。衛門は「侍従といひし人」（一一六番歌詞書）と呼んでいる。

妹の江侍従

妹は江侍従で、『左経記《さけいき》』万寿《まんじゅ》三年（一〇二六）十二月十五日条に、後一条《ごいちじょう》天皇の皇女章《しょう》子《し》内親王の七日の産養《うぶやしない》の記事に、内侍五人の中の一人として「江侍従」の名で見える。

江侍従の出生時期

彼女は天皇に仕える内女房《うちのにょうぼう》であった。のち藤原兼房《かねふさ》の妻となり、源俊房《としふさ》の乳母も勤めた。その誕生に関わるものとして『後拾遺集』所収の匡衡と衛門の唱和（一二一七・一八）が指摘されている。

乳母《めのと》せんとてまうできたりける女の乳《ち》の細う侍りければよみ侍りける　大江匡衡朝臣

はかなくも思ひけるかなちもなくて博士《はかせ》の家の乳母せんとは

かへし　赤染衛門

さもあらばあれやまと心しかしこくはほそぢにつけてあらすばかりぞ

匡衡の歌の「ち」は乳と知の懸詞で、「知もないのに学者の家の乳母をしようなどとは」と皮肉ったのである。

この歌の詠作時について、「博士の家」とあることから、匡衡が文章博士となった永祚《えいそ》元年（九八九）以後、九九〇年代とされている。ほかにも同様の論があるようだが、これはそう窮屈に考えなくてもいいだろう。「はかせ」の語は、もっと広く学者の意でも用いられる。したがって、この歌の詠作時は、すなわち江侍従の出生は、永祚元年以後に限定する必要はない。

ただし、こちらからも匡衡と衛門の結婚の時期を特定するものは見えてこない。これまでに諸家によって言われている、貞元から天元の初年（九七〇年代後半）ということでよい。

藤原実資への遺言

挙周の母のことに戻る。挙周の母について、前述のような説が出され、それはなお議論の途中にあるが、次のような史料があることには留意しておかなければならない。まず一つは、一気に匡衡の死の年に飛ぶことになるが、長和元年（一〇一二）六月四日、匡衡は藤原実資《さねすけ》の許に人を遺して、このように伝えさせている。

病已《すで》に急なるに臨《のぞ》み、非常近きに在り。挙周及び其の母、必ず相顧みらるべし。（『小右記《しょうゆうき》』）

挙周の母は赤染衛門

匡衡は死が間近に迫っていることを知って、挙周とその母のことを実資に頼んでいる。また『左経記』の長元《ちょうげん》八年（一〇三五）五月九日条には、藤原頼通《よりみち》主宰の高陽院《かやのいん》水閣歌合に関する記事の中に「就中《なかんずく》、挙周が母は当時第一の歌人なり」とある。これが衛門であることはいうまでもない。当時、周辺にある人びとにとって、挙周の母は赤染衛門であったし、より重要なのは『小右記』が記録する匡衡の言である。誰よりも匡衡において、

結婚初期の歌群

挙周の母は赤染衛門であった。

『赤染衛門集』には匡衡との出合いから結婚初期の二人の間でやりとりされた歌が歌群（五七～一一八番）をなして収められている。その最初に置かれるのはこのような歌である。

　　　思ひ懸けたる人、数珠をおこせて

57　恋ひわびてしのびにおつる涙こそ手につらぬける玉と見えけれ

大和の長谷《はせ》寺に参詣する途中での出合いであったので、このような歌となった。他の人物は実名で呼ばれるが、匡衡は、この「思ひ懸けたる人」（私に好意を寄せている人）のように称されていて、歌集における典型的な恋人、「をとこ」として形象されている（清水好子「私家集のかたち―赤染衛門集の場合―」）。

歌群の終わりをなす贈答で匡衡はこう詠んでいる。

117　親のため昔の人は抜きけるを竹の子により見るもめずらし
　　　筍《たけのこ》を幼き人におこせて

衛門の手許で育てられている子に筍を贈るのに添えた歌である。親のために筍を捜した人は昔いたが（中国の孝子孟宗《もうそう》のこと）、これは子のために手に入れた珍しいものですよ、という。子供も得た夫婦の幸せを感じ取ることができる歌である。

第二　帝王の師範

文人官僚としての活躍期である。匡衡の三十一歳から四十九歳までの、かなり長い期間に及ぶ。匡衡は天元《てんげん》二年（九七九）に対策に及第したが、官職に就いたのは三年後の同五年に至ってであった。しかも、そこで彼が得たのは異例の右衛門尉《うえもんのじょう》・検非違使《けびいし》という武官であった。およそ江家《ごうけ》の嫡流を自任する匡衡には似つかわしくない官であったが、このことについては、匡衡は何も語っていない。

上流貴族の主宰する詩宴に参加して詩を賦《ふ》し、詩序を制作するなどの文人としての活動は、寛和《かんな》元年（九八五）から見られるが、当初はなおわずかな例にとどまる。それが際立って活発になるのは正暦《しょうりゃく》元年（九九〇）からであるが、匡衡はその前年、永祚《えいそ》元年に文章《もんじょう》博士《はかせ》となっている。旺盛な執筆活動はこのことと深く関わっているはずである。その後、東宮《とうぐう》学士、式部権大輔《しきぶごんのたいふ》も兼ねて、文人官僚としての顕官三職を兼帯するに至る。

そうして式部権大輔を兼ねた長徳《ちょうとく》四年（九九八）には、昇殿を許される。侍読《じどく》として天皇に近侍して、中国の経史書、古典を教授する地位に至った。祖父維時《これとき》が元服の席で与えた訓戒のとおり、「帝師」となることができたのである。

この間、政治権力の中枢は藤原兼家《ふじわらのかねいえ》—道隆《みちたか》—道長《みちなが》と推移する。匡衡はいずれとも文章制作を以て関係を持つが、最終的に長期に亙って権力を維持した道長とは、ことに緊密な関係を結ぶことになる。

一　官途に就く

天元五年

初めての官職は武官

異例の検非違使

対策及第者は及第後、早い段階で任官するのが通例であったが、匡衡はどうしてか、三年目の天元五年（九八二）に至ってようやく官職を得た。それも武官であった。正月三十日に右衛門権尉に任ぜられ、二月には検非違使を兼ねた。「述懐詩」に「三十一にして官を給はる。廷尉《ていい》にして鷹鸇《ようせん》に列なる」という。「廷尉」は検非違使の唐名。「鷹鸇」はたかとはい鷹。不正を懲らしめるときは、鷹が小鳥に襲いかかるように峻烈に行うという（『左伝』文公十八年）。この検非違使選任の過程については『小右記《しょうゆうき》』の二月四日から八日にかけて記事がある。「匡衡は秀才なり。中古より以来、秀才為る者の使の宣旨を蒙る者を知らず」というような異論もあったが、円融《えんゆう》天皇の判断によって決定した。異例の補任であった。

永観二年　従五位となる

永観《えいかん》二年（九八四）正月、従五位下に叙せられ、二月に甲斐権守《かいごんのかみ》に、十月には弾正少《だんじょうしょう》弼《ひつ》に任ぜられた。「述懐詩」にはこの時のことを「三十三にして栄爵《えいしゃく》、憲台刑鞭《けいべん》を緩《ゆる》やかにす」という。「刑鞭を緩やかにす」には、後漢の劉寛《りゅうかん》は、部下に過失があれば、罰するのに蒲《がま》の鞭《むち》を使い、処罰のけじめを示したが、苦痛を与えることはしなかったという故事が踏まえられていよう。「栄爵」は本来は光栄ある身分という意であるが、我が国では五位の別称として用いられる。六位との間には大きな隔りがあり、五位以上は俸禄その他さまざまな特権を享受できるからである。ここに匡衡はその五位に昇りえて、貴族の一員となったわけである。

寛和元年　刃傷に遭う

寛和元年（九八五）の正月早々、匡衡は思いがけない事件に遭遇する。『小右記』の六日条に次のような記事がある。

今夜、弾正少弼匡衡、洞院《とういん》西大道土御門《つちみかど》の辺にて敵の為に疵《きず》つけらると云々。

事件は同年五月に決着するが、『小右記』および『日本紀略《にほんきりゃく》』に断続的に記事があるので、それに拠って推移を追ってみよう。

犯人藤原斉明

匡衡に切りつけた犯人というのは左兵衛尉藤原斉明《ただあき》で、匡衡は左手の指を切り落とされた。正月二十一日に犯人追捕《ついぶ》の官符が諸国に下され、三月に至って斉明が摂津《せっつ》にいることが明らかになり、追捕使が向かうが、斉明は船に乗って逃走した。

犯人射殺

斉明は東国に逃れようとしていたが、四月二十二日、近江《おうみ》国高嶋郡で惟文《これふみ》王によって射殺された。五月には斉明の罪科が定められ、その首を獄門にさらすということで決着がついた。

匡衡にとっては思いもかけぬ災難であったが、彼と犯人の斉明との関係、事件の原因などについては、『小右記』も記していない。なお、偶然に重なったのであろうが、斉明の弟の保輔《やすすけ》が正月二十日、播磨介《はりまのすけ》の藤原季孝《すえたか》に切りつけるという事件も起こっており、朝廷は二つの刃傷事件に同時に対処している。

冷淡な妻

この時のことと考えていいだろう、『匡衡集』に次のような歌が見える。

みちにて恐ろしき目見たりけるころ、女に

55　玉ぼこの道の空にて消えにせば憂きことありとたれにつげまし

「女」とあるが、妻の赤染衛門《あかぞめえもん》である。この歌は『赤染衛門集』にも入るが、後に続く歌によれば、彼女は夫の大事に返事もしなかったらしい。

初めての詩宴

閏八月十九日、権大納言右近衛大将《ごんだいなごんうこんえだいしょう》の官にあった藤原済時《なりとき》は邸宅に詩宴を催した。

匡衡もこれに招かれ、序者（詩会の序の作者）となっている。「秋夜、右親衛員外亜相《うしんえいいんがいあしょう》の亭子に陪《はべ》り、同じく『秋情月露深し』を賦す」の題で詠んだ詩と詩序（巻上）がこの時の作であるが、匡衡が公卿《くぎょう》の主宰する詩宴に参加したことが知られる最初である。なお、済時は好文の人で、これより先、天禄《てんろく》の頃にも、父師尹《もろまさ》から伝領した別荘白河院で、公卿文人を招いて詩宴を開いている（拙稿「白河院の詩遊」）。

寛和二年 花山天皇の退位

寛和二年（九八六）六月、花山《かざん》天皇が在位わずか二年足らずで突然退位するという出来事があった。花山は愛妃忯子《しし》（藤原為光《ためみつ》娘）の死を嘆き悲しむその心のすきにつけ込んだ藤原道兼にだまされるようにして出家してしまう。そうして一条天皇が位に即く。一条の即位に伴って政権の在処《ありか》は大きく変化する。一条の外祖父兼家が摂政《せっしょう》となり、その息子たちの道隆・道兼・道長らも目覚しい昇進を遂げる。ここに兼家流が権力を継承していく枠組みが形成された。

永延元年 有国宅の詩宴

翌永延《えいえん》元年の秋と考えられるが、藤原有国《ありくに》の宣風坊（五条）の屋敷に、かつての同窓の人びとが会して詩酒の宴を行い、匡衡も参加した。藤原有国の詩（『本朝麗藻《ほんちょうれいそう》』巻下）が様相を伝えているが、まず、やや長い詩題に参会のメンバーが記されている。

秋日、宣風坊の亭に会し、翰林善学士《かんりんぜんがくし》、吏部《りぶ》橘侍郎《じろう》、御史江中丞《ぎょしごうちゅうじょう》、能州前刺史《しし》、

参会の文人たち

参州前員外源刺史、藤茂才《もさい》、連貢士と旧を懐《おも》ひ飲を命ず。

集まった人びとは文章博士三善道統《みよしのみちむね》（永延元年七月任）、式部少輔橘淑信《たちばなのよしのぶ》、弾正少弼大江匡衡、前能登守《さきののと》賀茂保章《かものやすあき》、前三河権守源為憲《みなもとのためのり》、それに藤茂才、連貢士（ともに未詳）であった（増田繁夫「花山朝の文人たち」）。

詩はこのように詠む。

栄利に趍《はし》りてより文賓《ぶんひん》に別《わか》る
酒を酌《く》み詩を吟《ぎん》ずること亦《また》親しまず
聚雪窓中の三益友
宣風坊の北一たび尋ぬる辰《とき》
……
藤尚書《しょうしょ》は山月に蔵《かく》れたるを恨み
慶内史《ないし》は俗塵を遁《のが》れたるを悲しむ
藤尚書・慶内史は共に是れ旧日の詩友なり。落飾《らくしょく》入道して両《ふた》りながら詩酒に別る。余以て恨み有り。故に云ふ
若《し》かず聊《いささ》か懐旧の飲を成し
憂腸平らかに忘れて精神を養はむに

「旧日の詩友」

「栄利に趁りて」とは自嘲的に言っているのであろうが、有国は時に右中弁《うちゅうべん》である。詩酒の楽しみからも遠ざかっていたが、蛍雪を共にした旧友が訪ねてきた。詩にも「旧日の詩友」の名をあげている。「藤尚書」藤原惟成《これしげ》と「慶内史」慶滋保胤《よししげのやすたね》とであるが、二人は出家の途を選んだ。

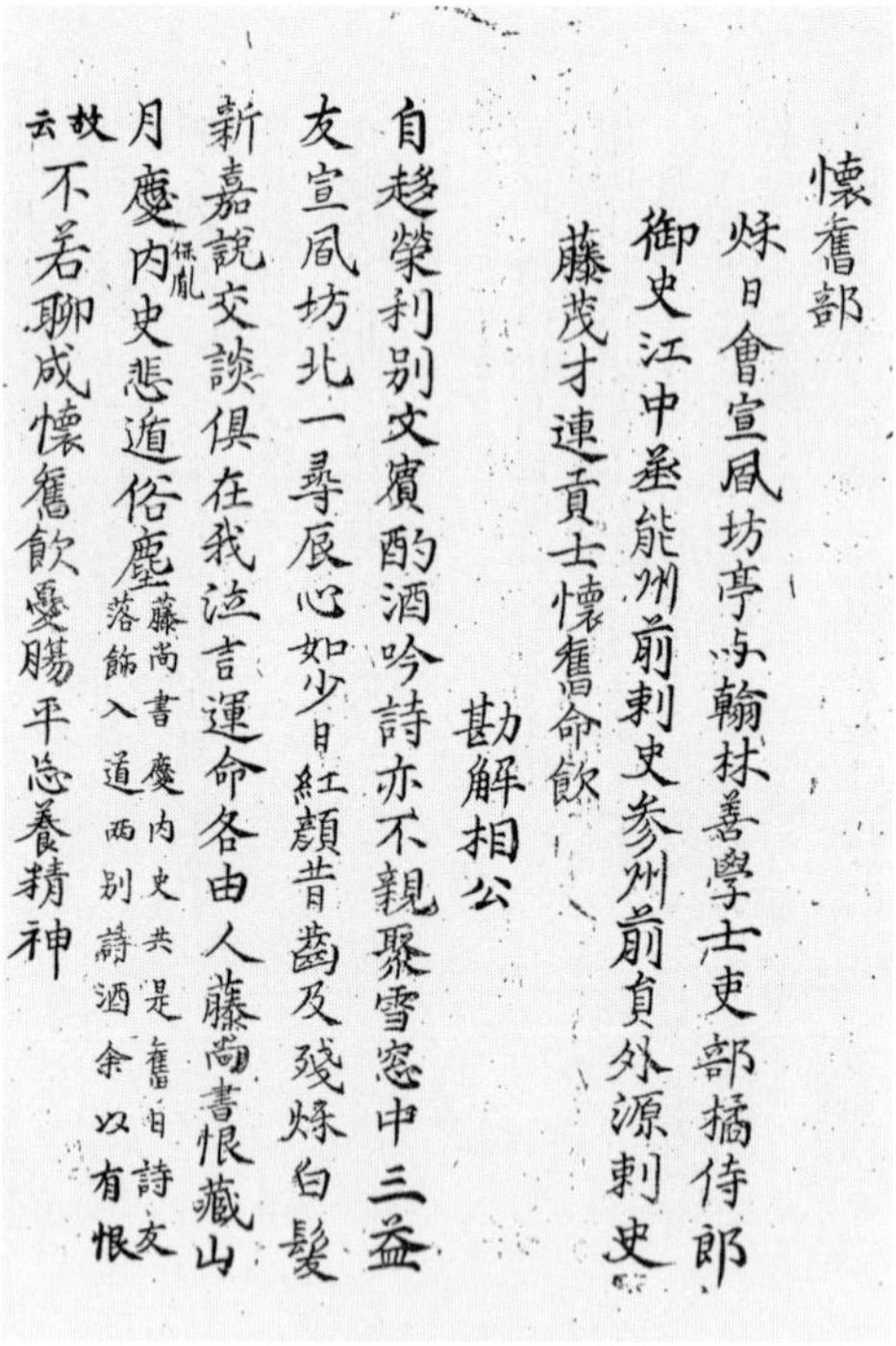
懐舊部
昧日會宣風坊亭与翰林善學士吏部橘侍郎御史江中丞能州前刺史参州前員外源刺史藤茂才連貢士懐舊命飲
勘解相公
自趁榮利別文賓　酌酒吟詩亦不親　聚雪窓中三益友　宣風坊北一尋辰　心如少日紅顔昔　齒及殘昧白髪新　嘉説交談俱在我　泣言運命各由人　藤尚書恨藏山月　慶内史（保胤）悲遁俗塵（藤尚書慶内史共是舊日詩友落飾入道西別詩酒余以有恨故云）　不若聊成懐舊飲　憂腸平忘養精神

『本朝麗藻』（群書類従板本）
詩題2行目の「御史江中丞」が大江匡衡.

藤原惟成

惟成は花山朝において、従五位上、左少弁《さしょうべん》、蔵人という低い身分にありながら、政権の近くにあって、実務を処理する立場に立たされた。花山朝は太政大臣《だいじょうだいじん》の藤原頼忠《よりただ》や右大臣藤原兼家といった重臣たちが非協力の姿勢を取り、外戚で中納言の藤原義懐《よしちか》や、わずか五位にしか過ぎない惟成らが朝政を執らざるをえない不安定な状況に置かれていた。花山天皇の近くにあっただけに、惟成はその出家という事態に立ち到ると、自らもこれに殉じて出家せざるをえなかった。

慶滋保胤

保胤も惟成の朝政参画に象徴される花山朝の清新な政治に期待し、文人官僚として活躍しているが、保胤が草した詔が重臣側からの攻撃を誘発することとなった。頼忠が詔の文中に「不快之事」があると抗議し、削除を要求するという出来事があった。この一件は少壮貴族に主導される朝政に対する重臣たちの反撃の第一弾で、以後急速に暗転し、花山天皇の突然の出家退位という事態に立ち至るが、保胤は時代の先行きを感じ取ってか、花山朝の瓦解に先立って出家する。

懐旧の詩

保胤は寛和二年の四月に、惟成は六月に出家していた。時代が大きく変化していくなかで、かつての学友を思うという懐旧の色濃い詩であるが、匡衡も思いを同じくしたはずである。

勧学会

ここで勧学会《かんがくえ》のことを述べておこう。康保《こうほ》元年（九六四）、前述のように匡衡が元服した年であるが、この年、勧学会という行事が創始された。これは毎年三月と九月の十五日を期日として、大学寮の文章院の学生《がくしょう》と比叡山《ひえいざん》の僧それぞれ二十名が一同に会して、『法華経《ほけきょう》』の教義を学び、念仏を誦し、詩を作るというものであった。先の有国の詩題に名の見える源為憲は設立時の中心人物の一人と考えられるが、彼が書いた『三宝絵《さんぼうえ》』によれば、「法《のり》の道、文の道をたがひに相すすめ習はむ」とする運動体であった。

匡衡の参加

匡衡もこれに参加している。そのことを示すのは「暮春勧学会、法華経を講ずるを聴き、探りて大通知勝如来《たいつうちしょうにょらい》を得たり」「暮春勧学会、親林寺に法華経を講ずるを聴き、同じく『恵日《えにち》諸暗を破る』を賦す」（巻中）の二首の詩である。ともに三月の勧学会であるが、これらがいつ行われた勧学会の作かは不明である。したがって匡衡がいつ勧学会に参加したかは未詳であるが、本来のあり方からすれば、大学寮に学んでいた時、この時より十年ぐらい前ということになる。

勧学会の結衆

それをここで述べるのは、先の有国の懐旧詩に勧学会の参加者が多く見えるからである。当の有国、それに源為憲・賀茂保章・慶滋（賀茂）保胤は確かに設立時のメンバーであったし（拙稿「『勧学会記』について」）、三善道統・橘淑信・藤原惟成も参加者であった可能性が高い。有国の詩は、匡衡の大学における旧友であるとともに、かつての勧学会の仲間、彼らの用語では「結衆《けつじゅ》」を記したものでもある。

東三条院詩宴に陪従

十月十四日、一条天皇は外祖父に当たる摂政藤原兼家の東三条第に行幸し、詩宴が催された（『日本紀略』）。匡衡も陪従《ばいじゅう》して詩を賦しているが（「『葉飛びて水面紅なり』を賦す」、巻下）、寛和元年の白河院での詩宴とは比べものにならないような晴れがましい詩作の場であったに違いない。

叔父斉光の死

十一月六日、叔父の斉光《ときみつ》が五十三歳で亡くなった。斉光は重光《しげみつ》の弟ではあるが、重光が四位に止まり、前述のように不遇のうちに没したのに対して、父維時の中納言には及ばなかったものの、参議《さんぎ》となり、正三位に至った。冷泉《れいぜい》・円融天皇の東宮学士、侍読を勤め、大学頭《かみ》、蔵人頭《くろうどのとう》、式部大輔、左大弁を経ている。文人官僚としては名を遂げたといっていいだろう。匡衡もたびたび叔父の功績を称揚している。たとえば「昔、祖父江中納言、延喜の聖代に両皇子の名を付け奉り、天暦の聖代にも両皇子の名を付け奉る。叔父左大丞は当今（一条天皇）の名を付け奉る。江家代々の功、大なり」（巻中、詩題）という。

江家継承の自覚

客観的にも、匡衡の認識のなかでも、江家の家学を承け継いでいたのは斉光であった。そうした叔父が没したことで、匡衡は江家を担っていく重責がいよいよ自分の肩に懸かってきたことを自覚したはずである。

永延二年道長邸の詩宴

永延二年（九八八）、匡衡は藤原道長が主宰する詩宴に参加している。三月三日と八月六日、ともに庚申の日であるが、「員外藤納言の文亭」で行われた詩宴に加わり、序者も勤めている。「員外藤納言」は権中納言の道長である。三月三日の「『桃浦船に落つる花』を賦す詩序」（巻下）に「我が納言、祁奚《きけい》の内挙に応ず」というのは、中国の故事を借りて、摂政であった父兼家の引き立てによって道長が権中納言となったことをいう。

道長と倫子の結婚

八月六日の「『夜坐して松風を聴く』を賦す詩序」（巻上）に、左相府にある松の樹に一羽の鶴が棲むようになったというのは、道長が左大臣源雅信《まさのぶ》の娘倫子《りんし》と結婚したことの比喩である（木戸裕子「江吏部集試注」）。また「八月十五夜、員外藤納言の書閣に陪《はべ》りて同じく『月は照らす窓前の竹』を賦す詩序」（巻上）は弾正台の官を離れてのちという記述があり、これより一、二年後のことであるが、これも道長邸での作としてよいだろう。

道長へ近侍のきっかけ

匡衡がこの時期に道長に近侍するようになるのは、道長が、永延元年に赤染衛門が女房として仕える源倫子と結婚したことがきっかけとなったのではなかろうか。道長はこの時にはまだ貴紳の一人という存在でしかなかったが、匡衡は妻の縁から、未来の最高権力者と繋がりを持つこととなった。匡衡は道長のことをこう称える。

匡衡が見た道長

我が納言、龍官に居りて以て政途を諳《そら》んず、天下に亦《また》賤しからず。鳳毫《ほうごう》を揮《ふる》ひて以て詩境に入る、地上に其れ仙を得たり。士を重んじ文を好む、誰か帰服せざらんや。
（「賦㆔夜坐聴㆓松風㆒詩序」）

詩序の常套としての亭主に対する称賛の辞であることは差し引いても、道長が詩文の才に恵まれた好文の公卿の一人であったことは確かである。そのことは後にたびたび見ることになる。

二 文章博士

永祚元年文章博士となる

永祚元年（九八九）、十一月二十八日、匡衡は文章博士に任ぜられた。彼がこれまでに経歴した官職は右衛門権尉、検非違使、弾正少弼と、いずれも、学問の家に生まれ、対策にも及第した者として満足できるものではなかったはずである。昨永延二年の初冬、「左親衛藤亜将亭」で賦した詩には「汝忘憂《ぼうゆう》と号《なづ》くるも吾未だ信ぜず、豈《あに》図らんや五載霜台《そうだい》を歴んとは」（「『煖寒は飲酒に従ふ』を賦す詩」、巻中）と、長すぎる弾正台在官に不満を募らせていた。「忘憂」は酒の異称で、「汝」と擬人化していう。「霜台」は弾正台の唐名。

ようやくにして得た自分に相応しい文章博士という官職に愁眉を開いたことであろう。

正暦元年

翌正暦元年（九九〇）になると、匡衡は早速文章博士に相応しい任務を次々と行っていくことになる。正月五日、一条天皇が元服した。時に十一歳。加冠は摂政太政大臣の藤原兼家が、理髪は左大臣の源雅信が奉仕した。

天皇元服の賀表

七日には公卿等が元服を賀す表を奉ったが、これを執筆したのは文章博士になったばかりの匡衡であった。匡衡にとっては晴れがましい役であったはずで、他の作品でもこのことを述べている。寛弘《かんこう》六年（一〇〇九）正月、欠員となっていた美濃守への拝任を請う奏状（『本朝文粋《ほんちょうもんずい》』巻六）に、「匡衡、文章を以て公に奉ずる功は、当時に於いて他人に異なる。御元服の賀表は松筆を染めて千年を祈る」と述べ、「述懐詩」でも、自らの文筆による奉公の顕著な例を数え上げるなかに「皇帝元服の表今上御元服の賀表、詔を奉じて草を献ずは、文教八埏に及ぶ」という。承平《じょうへい》七年（九三七）正月にも天皇元服のことがあったが、この時の朱雀《すざく》天皇（十五歳）元服に際して賀表を執筆したのは大江朝綱《あさつな》であった（『北山抄』巻四）。匡衡にはこの江家の先例が想起されたに違いない。

定子入内

元服した一条天皇の許には内大臣藤原道隆の娘の定子《ていし》が入内して女御《にょうご》となり、十月には中宮《ちゅうぐう》に立つことになるが、政治の主役も兼家から長男の道隆へと移っていく。兼家は五月五日、摂政太政大臣を辞し、関白《かんぱく》となるが、八日には出家する。これに代わって道隆が関白、氏長者《うじのちょうじゃ》となる。政治の表舞台から退場していく兼家は、その間、何度か上表しているが、それらを匡衡が執筆している。三月十七日の太政大臣の職並びに封《ふ》戸《こ》、准三宮《じゅさんぐう》を辞す第二表、第三表（四月二十一日）、第四表（五月五日）、そうして出家後の封戸並びに准三宮を辞す第二表（六月）である。いずれも『本朝文粋』に収載されている。

兼家の辞表

上流貴族のために、求められて文章を代作することは当代の文人の任務であり、その存在意義を示すことでもあったが、この太政大臣の辞表の執筆などはその典型例であり、先の天皇元服の賀表といい、この辞表といい、匡衡は文章博士就任早々、これに相応しい仕事をなして、その存在を世間に知らしめたことだろう。

具平親王邸詩宴

十二月四日、中務卿《なかつかさきょう》の具平《ともひら》親王邸で詩宴が催されたが、匡衡も参加し、序者を勤めた。匡衡の「中書《ちゅうしょ》大王の斎に陪りて同じく『寒林に暮鳥帰る』を賦す詩序」（巻下）がその様子を伝えている。

正暦元年冬十二月四日、朝請大夫（従五位上）翰林学士（文章博士）江匡衡、歳余《さいよ》に属《あた》り、暇景《かけい》に乗じて、暫《しばら》く闕里《けつり》の中露を出て、たまたま大王の下風に従ふ。門前に軒蓋《けんがい》多く、堂上に琴罇《きんそん》を置く。或いは南より北よりして臻《いた》る、便《すなわ》ち是れ、雲龍霧《うんりゅうむ》豹《ひょう》なり。或いは威如侃如《かんじょ》として侍す、筆を簪《かざ》し経を帯びざるはなし。今、皆以為《おも》へらく、詩主を得たりと。

千種《ちくさ》殿と呼ばれた親王の六条の邸宅と思われるが、車に乗った貴族から退隠的姿勢を取る者まで、いろいろな身分、立場の人が親王を「詩主」として集まったという。

具平親王

具平親王（九六四～一〇〇九）は村上《むらかみ》天皇の第七皇子で、叔父の兼明《かねあきら》親王の後を継いで中務卿となり、前・後中書王と並称される、平安朝を代表する皇親詩人である。親王という貴種であることもあり、匡衡よりやや遡った世代では、慶滋保胤・橘正通《まさみち》・源順《したがう》・源為憲など、不遇を歎き、あるいは仏教に心を寄せる文人たちの精神的支柱といった立場に

文人の精神的支柱

あったが、この詩序でも、参会した人びとのなかに「霧豹」（世間から隠れ住む人）があると記していることは、同じような立場の者もいたことをいうのであろう。この詩宴の参加者としてほかに具体的に知られるのは藤原文範《ふみのり》である。『本朝麗藻』巻下に具平親王

藤原文範

の「戸部尚書《こぶしょうしょ》の同じく『寒林に暮鳥帰る』を賦すに和す」と題した詩がある。「戸部尚書」は民部卿の唐名で、この時、その官に在ったのは藤原文範である。

粟田障子詩

はっきりとした制作年時は不明であるが、ここで粟田障子《あわたしょうじ》詩のことを述べておこう。藤原道兼は粟田（京都市左京区）に別荘を造営し、その調度として障子絵を作らせた。『栄《えい》

花物語《がものがたり》』（「さまざまのよろこび」）には正暦元年の条に、

粟田といふ所にいみじうをかしき殿をえもいはず仕立てて、そこに通はせたまひて、御障子の絵には名ある所々をかかせたまひて、さべき人々に歌詠ませたまふ。

とある。粟田山荘のことは『小右記』にも見え、正暦元年十一月十五日に、実資《さねすけ》が道兼とともに「粟田山庄」に出かけたというのがその初見で、その後、同四年条に、実資、また東三条院詮子《せんし》が訪れた記事が散見する。

和漢兼作

『栄花物語』には、障子歌のことだけを記しているが、また漢詩も作られた。和漢兼作だったのである。この粟田山荘障子の漢詩は『江吏部集《ごうりほうしゅう》』に、和歌は歌僧恵慶《えぎょう》の『恵慶集』に最もまとまった形で残されており、両者を合わせて元の姿を復元することができる。『江吏部集』では、詩題に「春遊原上粟田障子作、十五首中其四」のように書かれているので、これに従って順序を整えると次のようになる。

障子詩の題

（1）春日野行（春日野《かすがの》）
（2）妹妖山下に居をトす（妹背山《いもせ》）
（3）橋上に馬を歇《とど》む（うたたねの橋）
（4）春原上に遊ぶ（御垣原《みかきがはら》）

（5）早夏曝布泉を観る（布引滝《ぬのびき》）
（6）海浦を過ぐ（須磨浦）
（7）河に泛《うか》びて古橋の辺に到る（長柄橋《ながら》）
（8）海浜の神祠（住吉）
（9）嵯峨野秋望（嵯峨野）
（10）田家秋意（大井川）
（11）林下晩眺（子恋森《こごい》）
（12）初冬野猟（交野《かたの》）
（13）（欠）
（14）玉井の山居に題す（玉井《たまのい》）
（15）歳暮旅行（しのだの森）

詩題に地名が含まれているものもあるが、（　）の中は恵慶の歌から知られる名所である。この障子絵は名所を描いていた。とともに、この詩題からもわかるように、四季も配慮されている。つまり名所月次絵《つきなみ》であった。

障子詩の作者たち

詩は匡衡に十五首中の十四首が残っているが、ほかに藤原為時《ためとき》・高岳相如《たかおかのすけゆき》、紀斉名《きのただな》の詩が『本朝麗藻』『和漢朗詠集』『和漢兼作集』に部分的に引かれている。この障子詩の撰定には菅原輔正《すけまさ》が当たった（『江談抄《ごうだんしょう》』巻五—二八）。

道兼との交渉

匡衡と道兼との関わりはほかにも見られる。「五月五日、内相府の池亭に陪りて同じく『雲峰夏池に入る』を賦す」（巻上）は、詩序に「内相府、東山の脚《ふもと》に一池亭を置く。蓋《けだ》し安和《あんな》の左僕射《さぼくや》の七叟《しちそう》の会を開ける地なり」の記述があることから、粟田山荘での作である。「安和の左僕射の七叟の会」とは安和二年（九六九）三月、この時はまだ大納言であった藤原在衡《ありひら》（後に「左僕射」、左大臣となる）が主宰した尚歯会《しょうしかい》をいう。尚歯会とは七人の老人（七叟）が会して長寿を互いに祝う催しであるが、在衡の粟田の山荘で行われた。したがって「内相府」は同じ粟田の地に別荘を営んだ道兼をいうが、彼は正暦二年九月から同五年八月まで内大臣の地位にあったから、この池亭での詩宴は正暦三年から五年までのいずれかの五月五日に行われたものである。

正暦二年河原院の五時講

正暦二年（九九一）三月二十八日、僧仁康《にんこう》が河原院で五時講を行ったが、その願文を匡衡が執筆した。五時講は天台における経典解釈の方法である五時教判（すべての経典を釈迦一代の説法として、五つの時期に分けて体系化する）に従って、華厳《けごん》・大集《だいじつ》・般若《はんにゃ》・法華《ほっけ》・涅槃《ねはん》の五部の経典を順次講説する仏事である。これがその最初とされているが、『続古事談《ぞくこじだん》』

（巻四―二四）にかなり詳しい記事がある。

これより先、仁康は人びとの援助を受けて一丈六尺の釈迦像を造り、河原院に安置した。河原院はその広壮風雅で知られた源融《とおる》の旧邸宅であるが、これと仁康との関係は明らかではない。

講の参加者

講会は六日間に亙って行われたが（「願文」）、日毎の説法論義の講師は、天台座主の厳《ごん》久《ぐ》僧都《そうず》、横川《よかわ》の明豪僧正《みょうごうそうじょう》、東塔の静《じょう》（清）仲供奉《ちゅうぐぶ》、静昭法橋《じょうしょうほっきょう》、清範律師《せいはんりっし》といった、時の「明匠」が招かれて勤め、聴聞者として叡山の源信《げんしん》・覚運《かくうん》の両僧都、南都からも真興《しんごう》僧都、清海上人以下、七大寺の多くの僧が来集し、さらに出家していた慶滋保胤（寂《じゃく》心《しん》）、大江定基《さだもと》（寂照《じゃくしょう》）なども参加した。願文は匡衡が作り、藤原佐理《すけまさ》が清書した。

匡衡の願文

匡衡が書いた願文は『本朝文粋』巻十三に収められているが、この法会を行う意図を、「願はくは、我、善知識と共に釈迦尊《しゃかそん》の形像を造り奉り、所説の経典を演暢《えんちょう》し、衆生《しゅじょう》をして見仏聞法の便を得しめん」、すなわち、人びとに仏の姿を見、法を聞く便宜を与えるために、釈尊の像を造り、法を説いた経典を講演するのだという。そうして、そのことによって「皆今日の善根を以て、将に来世の張本と為さんとす。願はくは、諸の衆生と共に安楽国に往生せん」と願っている。極楽往生を願うのである。

助成した人々

造像写経という作善《さぜん》が「善知識と共に」なされたことも記しているが、『続古事談』には、その名が明記されている。「維敏、満仲などいふ武者より始めて結縁助成せり」。維敏《これとし》は桓武平氏、満仲《みつなか》は清和源氏である。また、五時講のために仮堂も建てられたが、その造営の料として藤原時明が米千石を施入したという。時明はこの時、和泉守か。こうした受領層の支持援助がこの法会に寄せられていることは注目される。

願文中の秀句

匡衡の願文の秀句をめぐってのエピソードが伝えられている。その句は、

昔忉利天《とうりてん》の安居《あんご》九十日、赤栴檀《しやくせんだん》を刻んで尊容を模し、
今跋提河《ばつだいが》の滅度より二千年、紫磨金《しまごん》を瑩《みが》いて両足を礼す

（昔、釈迦が忉利天に昇って九十日間安居した時、優塡《うでん》国王は仏に会えないことを嘆いて、梅檀を刻んで釈迦の像を作ったという。今、釈迦が跋提河のほとりで入滅して二千年を経て、紫磨金を磨いてその尊像を造って礼拝する。）

である。この句は『和漢朗詠集』（巻下・仏事）に採録されるが、天理図書館蔵貞和《じようわ》本には次のような注が書き込まれている。

具平親王の称賛

件の句、後中書王、殊に褒誉を加へ、自ら其の由を書き終ふと云々。此れより、匡衡の文、天下を鼓動せしむと云々。

後中書王は前に述べた具平親王である。また『江談抄』（巻六—一五）には別の話が記されている。

保胤の称賛

保胤は講が終わり、人びとが帰るのを待って、匡衡の所によってきて、彼の背中をたたいて、「弼《ひつ》殿、筆《か》きたりけり」といった。またこうもいった。こういう事があるから、私は詩文を作る場に出ないのだ。この句を見ると、骨身にしみて、平静ではいられない。極楽往生の妨げになる。

匡衡はこれより先、永延三年（九八九）七月に真救《しんぐ》のために「率都婆《そとば》供養願文」を執筆していて（『本朝文粋』巻十三）、これが匡衡が書いた最初の願文であるが、ほとんど無名に近い僧のために代作した作品であった。これに比べて、この五時講願文は、都人士の間に大いに匡衡の文名を高めるものとなったわけである。

大中臣能宣四十九日願文

正暦二年には、九月にも願文を作っている。『匡衡集』の歌の詞書から明らかになる。

　能宣が四十九日のうちに輔親が冠《かぶり》たまはりたり。願文
　つくらせたりし奥に書きつけたりし

61　いろいろに思ひこそやれすみ染めのたもともあけになれる涙を

能宣《よしのぶ》・輔親《すけちか》は大中臣《おおなかとみ》氏で、親子である。能宣は八月に亡くなった（『大中臣氏系図』）。

「冠たまはり」とは従五位下に叙爵されることをいう。歌の「あけ」も五位の衣の緋《ひ》色をいうが、輔親が従五位下となったのは九月十六日であった（『歌仙伝』）。輔親の依頼で、能宣の四十九日の願文を匡衡が作ったことが知られるが、匡衡と能宣あるいは輔親との関係は、これ以上のことは未詳である。

正暦三年

匡衡は正暦三年（九九二）正月には文章博士に加えて尾張権守を兼ねた。尾張と関わりを持った最初であるが、これは遙任《ようにん》と考えられる。実際に赴任してはいない。

正暦四年求職の奏状

翌四年の正月十一日、職を求める奏状を提出している。「特に鴻慈《こうじ》を蒙りて、先例に因准して弁官、左右衛門権佐《ごんのすけ》、大学頭等の他官を申せし替りに兼任せんと請ふ状」（『本朝文粋』巻六）である。儒学を仕事とし、詩文の制作を財産としているが、貧苦のなかにあり、まだ「温官」（役得の多い官職）を兼ねていないとして、弁官、左右衛門権佐、大学頭のいずれかのポストが空いたなら、これを自分に兼官として与えてほしいと請願している。こうもいう。この願いはひとり自分のためだけのことではなく、当代が文学学問が重んじられる時代であることを世間に知らしめたいからである。匡衡は以後も何度か求職の奏状を奉るのであるが、これはその最初である。

二十二年ぶりの内宴

正月二十二日、仁寿《じじゅう》殿で内宴が行われた。円融朝の天禄《てんろく》二年（九七一）以来、じつに二十二年ぶりの開催であった。『小右記』に詳しい記事がある。式部大輔の菅原輔正が「花色春とともに来る（花色与春来）」という詩題を献じ、匡衡は講師を勤めた。召された文人には、ほかに三善道統《みよしのみちむね》・三善佐忠《すけただ》・巨勢為時《こせのためとき》等があった。匡衡の詩は『江吏部集』巻下に採録されている。

正暦五年積善寺供養

正暦五年（九九四）は藤原道隆一門の中関白家の〈正暦の春〉の絶頂期であったが、それを象徴するのが、二月二十日に行われた積善寺《しやくぜんじ》供養である。道隆は法興《ほこ》院の内に別に積善寺を移築して一切経を納め、その供養を御斎会《ごさいえ》に準じて盛大に行った。中宮定子を含む中関白家一門の人びとはもとより、東三条院詮子《せんし》の行啓《ぎようけい》もあり、為尊《ためたか》・敦道《あつみち》の二親王、右大臣源重信《しげのぶ》以下の多くの公卿が参加した。『枕草子』「積善寺供養」はこの時のことを記述する長大な章段で、晴れがましい盛儀のありさまを筆を尽くして記述している。

御願寺とすることを乞う奏状

匡衡もこの積善寺供養に一役かっている。道隆は法会を行うに先立って、積善寺を御《ご》願寺《がんじ》としてほしいと願い出ているが、その請願の奏状、「関白の為の、積善寺を以て御願寺と為さんと請ふ状」（『本朝文粋』巻五）を匡衡が執筆している。

述懐詩

述懐詩としては珍しく詠作年時の明らかな詩（巻下）がある。読んでみよう。

情《こころ》無く花自づから落つ
四十三時春また暮る
花の落つるを看《み》る毎に涙零《お》つること多し
枯株久しく人に摧折《さいせつ》せらる
雨露明年奈何《いかん》せんとかする

長徳元年

「四十三時」とあることから、正暦五年の作である。自らを「枯株」になぞらえ、明年の「雨露」はどうであろうかと、期待と不安の入り混じった思いを吐露しているが、明長徳元年に「雨露」の恵みを承けることになる。すなわち、正月、正五位下に昇叙され、八月には式部権少輔の官を得る。

正暦の春の終焉

中関白家が謳歌した〈正暦の春〉は、そのとおり改元とともに終わりを告げることになる。元号が長徳に改まる正暦六年（九九五）には権勢が衰退していくが、これをもたらしたのは早すぎる道隆の病死（四月十日）であった。時に四十三歳。道隆はこれに先立って、

道隆のための辞表

上表して、病気の故を以て関白職の辞退を申し出ているが、その二月五日の第二表と同二十六日の第三表（『本朝文粋』巻四）は匡衡が執筆している。前述のように、匡衡は前年には積善寺供養に関わって奏状を執筆した。つまり文章制作の仕事を以て中関白家の光

と影とに立ち会ったことになる。

疫病の流行

道隆はそれからは免れたのだが、長徳元年は疫病《しっぺい》が猖獗《しょうけつ》を極めて、多くの犠牲者が出た。

今年、四月より五月に至りて疾疫《しつえき》殊に盛んなり。七月に至りて頗《やや》散ず。納言以上の薨ずる者二人、四位七人、五位五十四人、六位以下、僧侶等は勝《あ》げて計《かぞ》ふべからず。

（『日本紀略』七月条末）

これを鎮めるため、二月九日に仁王会が行われたが、その呪願文は匡衡が書いた（『日本紀略』）。

長徳二年受領の兼官を求める

翌長徳二年（九九六）には、匡衡は兼官を求めてしきりと奏状を提出している。まず正月十五日には、文章博士から受領《ずりよう》となった例、儒官にあって受領を兼ねた例を列挙したうえで、文士が重用されるべきことを述べて、これまでの検非違使としての労、儒官としての功に依って、越前あるいは尾張の守を兼任させてほしいと述べた奏状（『本朝文粋』巻六）を書いている。これも受領の兼任を希望するものであるが、四月二日にはそのことを前面に押し出して、儒者が受領に任ぜられるべきことを主張し（「夫《そ》れ儒者の受領に任ぜらるるは、往聖の道を重んぜられし時の例なり。儒者の受領に任ぜられざるは、近代の文を軽んずる時の

老母への思い

奏状（申文）を書く文人

『直幹申文絵詞』（出光美術館所蔵）に描かれた橘直幹.

例なり」）、具体的には空席となっている備中介の兼任を懇請する奏状を書いている（「申二備中介一状」『本朝文粋』巻六）。また『朝野群載《ちょうやぐんさい》』巻九所収の右中弁の兼任を請う奏状は日付がないが、そこに書かれた「正五位下行式部権少輔兼文章博士」という位官から、前年（九月以後）か、この年のものと考えられる。こうした立て続けの兼官を求める奏状執筆はこの年に特徴的なものである。匡衡を駆り立てた心のあせりがあったのだろうか。

この三首の奏状に関して、ここで述べておきたいことがある。この三首が共通して言及していることがあるのである。それは母のことである。

老母の愁《なまじ》ひに遺れる命、官冷《すさま》じくして水菽未だ酬《むく》いず。（「越前尾張等の守を申す状」）

老母衰危せり。（「備中介を申す状」）

老母の傾殞《けいいん》せんと欲《す》るを安慰せん。（「右中弁を申す状」）

兼官を懇望する理由の一つは、経済的な安定を得て、年老いた母を安心させてやりたいというのである。そこでは触れなかったが、以前の奏状にも同じようなことが述べられていた。

母への度重なる言及

母已《すで》に八旬、禄養のなほ遅きを悲しむ。（「弁官左右衛門権佐大学頭等を申す状」、正暦四年）

同様のことは詩、詩序にも詠まれている。

風樹暁に驚きて、微禄の未だ母に報いざるを歎く。（「『秋情月露深し』を賦す詩序」、巻上、寛和元年）

常に冠を掛けんと欲《おも》ふも母に縁《よ》りて滞る。未だ迹《あと》を晦《くら》ますこと能《あた》はず人に向かひて慚《は》づ。（「冬日天台に登る即事」、巻上、正暦四年）

家貧にして苦節に拘《かか》はり、母老いて余年少なし。（「右親衛藤亜相の述懐詩を観て、本韻を改めず、次に依りて和し奉る」、巻中）

時主文を好む我を知るや否《いな》や、江翁母老いて曽参《そうしん》と作らん。（「仲春釈奠、古文孝経を講ずるを聴く」、巻中）

母に対するこれほどの言及は、父については一度だけ、じつにそっけなく触れていたのに比べると、まことに対照的である。父が比較的早く亡くなったのに対して、後に残って高齢を保った母への孝心ということであろうか。

母の年齢についての疑問

この母については、もう一つ述べておかなければならない。その年齢である。先に引用したが、正暦四年（九九三）の奏状に「母已に八旬」と述べている。「八旬」を一応八十歳とすると、母は延喜《えんぎ》十四年（九一四）頃の生まれで、匡衡を四十歳近くで産んだことになる。そうしてこれは夫との間にかなりの年齢差を生じさせる。初めに述べたが、匡衡が生まれた時、父重光は二十八歳前後と考えられる。つまり、重光と妻とは、妻の方が十歳程、年上であったことになる。婚姻、出産というのはきわめて個別的な問題であるから、十歳程の年上女房、四十歳近くでの出産ということもありえようが、稀な例ではあるだろう。正暦四年に「母已に八旬」というのが虚構でなければ、このようになる。

藤原為時越前守となる

先に述べたように、匡衡は越前あるいは尾張の守を望んで奏状を提出したが、希望はかなわなかった。越前守に任ぜられたのは紫式部の父藤原為時《ためとき》である。ただし、この補任に至るまでには、よく知られた、少々の経緯があった。初め為時は淡路《あわじ》守に任ぜられたが、不満に思って奏状を献じた。その中の秀句に感心した天皇の心を忖度《そんたく》した道長が、急遽乳母子の源国盛《くにもり》に決まっていた越前守を為時に振り充てたという。『今昔物語集』

（巻二四―三〇）ほかに記されている逸話である。

餞別の詩

このようにして為時は越前守を得たが、この時、匡衡は為時に餞別の詩（巻中）を贈っている。

越州刺史《しし》の任に赴くを餞《はなむ》けす
鏡水蘭亭《きょうすいらんてい》君管領《かんれい》し
翰林李部我艱辛《かんしん》す
明時錦を衣《き》る昼行の姿
暗牖冠を弾《はじ》く晩達の人
司馬遷《しばせん》の才漸《ようや》く進むと雖《いえど》も
張車子の富未だ平均ならず
越州は便《すなわ》ち是れ本《もと》詩国なり
宜《うべ》なるかな使君の先づ春に遇ふこと

中国の越州になぞらえる

この詩では越前は中国の越州（会稽、今の浙江省紹興）になぞらえられている。第一句の鏡水、蘭亭はそこの地名である。第三句はよく知られた〈錦を着て故郷に帰る〉の故事である。為時にとって越前は故郷などではないが、朱買臣《しゅばいしん》が会稽の太守となった時の故事

(『漢書』朱買臣伝)であるので、日本の越州に向かう為時に用いたのである。第二句は文章博士、式部権少輔の官職に在る自身をいう。第四句も我が身のこと。「弾冠」は冠の塵を弾いて仕官を待つことで、漢の王吉と貢禹《こうう》の故事(『蒙求《もうぎゅう》』)による。国守となった為時にあやかりたいと冠の塵を弾いて出番を待つというのである。第七句に越前を「詩国」というのは、そこに客館が置かれ、来朝した外交使節と詩の贈答が行われたからであろう(大曽根章介「文人藤原為時」)。現に為時自身、赴任した越前で、漂着した宋人と詩の唱酬をすることになる(『本朝麗藻』巻下)。結句の「使君」は国守の意で、いうまでもなく為時である。第三聯まで、いずれも幸運の為時と不遇の自身とを対比している。越前は自分が望んだ国であっただけに、結句の表現とは裏腹に、心中、複雑なものがあったのではなかろうか。

越前は詩国

省試判をめぐる論争

六月、式部大輔の菅原輔正が題者となり、文章生を選抜するための省試が行われたが、その判定をめぐって、ちょっとした波瀾があった。及第とされた詩九首のうち七首に「瑕《か》」(欠点)があると匡衡が指摘したのである。これに対し、輔正はないと申し述べた。そこで二人に「経典の釈文」を提出させると、両者にくい違いがあり、輔正が提出した文は「反音を摺り改め」ていたので、輔正は処分を受けた(『日本紀略』十一月二十六日)。匡衡に名をなさしめる結果となったが、翌三年、匡衡と紀斉名との間でくり展げられる省試論争の前哨戦ともいうべき小事件であった。

長徳三年東宮学士となる

長徳二年の度重なる奏状の奉献が功を奏したのか、三年（九九七）になると、匡衡は正月には越前権守を兼ね、三月には東宮学士の職も兼ねた。東宮学士は儒者の顕職の一つである。したがって「述懐詩」にも「四十六にして学士、龍楼景気妍《うるわ》し」と、東宮学士となったことを詠む。「龍楼」はここでは空間としての東宮を指す。

紀斉名と論争

七月から八月にかけて、匡衡と紀斉名との間で、省試詩の判定をめぐって論難の応酬があった。七月に行われた文章生を選抜する省試における学生大江時棟《ときむね》の試詩について、匡衡と大内記《だいないき》の斉名とが論争をくり展げたのであるが、経緯を述べる前に時棟について説明しておかなければならない。

大江時棟

時棟を匡衡の子としているものがあるが、これには但書きが必要である。系図では『尊卑分脈』が時棟を匡衡の子としては記載せず、「続群書類従」所収の『大江氏系図』三本は、一つは記載し、一つは記載せず、一つは記載して「義子」と注記していて、三者三様である。『十訓抄《じっきんしょう》』（第三）に時棟の素性を語る話がある。

『十訓抄』の逸話

道長がある所へ出かける途中、荷馬を牽きながら本を読んでいる少年を見かけた。

呼び寄せてみると、重瞳の持ち主で賢い顔付きをしているので、匡衡に預けて学問をさせた。これが時棟である。

匡衡の義子

「重瞳」はひとみが二つある異相、中国古代の聖帝舜《しゅん》や項羽《こうう》、日本では円珍《えんちん》はそうであったという。これは説話であるが、確実なところでは、長和《ちょうわ》元年（一〇一二）六月四日、死期の近いことを悟った匡衡は妻子の後事を藤原実資《さねすけ》に托しているが、そこであげているのは「挙周《たかちか》及び其の母」（『小右記』）で、時棟の名はない。しかしまた、この省試論争の奏状（七月二十日）に、匡衡は次のようなことを書き加えている。

儒に内挙、親を避けず、外挙、仇を避けずといふこと有り。……、私の為にして言はず、公の為に之を訴ふ。

「内挙」とは身内を推薦すること。以上の諸資料を考え合わせると、時棟は匡衡の子ではあるが、実子ではない、すなわち「義子」ということになろう。

省試論争

省試論争とは次のようなものであった。時棟は省試において落第と判定されたが、匡衡がこれは不当であると奏状によって訴えたので、これをきっかけに匡衡と紀斉名との間で論争がなされた。両者二回ずつ奏状を提出し、それはすべて『本朝文粋』（巻七）に採録されている。時棟の詩が落第とされた根拠は大きくは二つで、一つは詩病すなわち

蜂腰病

表現上の欠陥

韻律論上の欠点で、時棟の詩は「蜂腰病」を犯しているという指摘であった。これは五言詩一句中の第二字と第五字とが同じ平仄のものである。もう一つは「瑕瑾《かきん》」で、同義語の重複、典故の用い方の拙劣、対偶の不統一など、表現上の欠点六条が列挙されている。重点は前者にあるが、これらをめぐって、二人は中国の詩論書の記述や我が国の過去の及第詩の実例などを根拠として引用しながら、お互いにかなり厳しい非難の言辞も交えつつ、それぞれの立場を主張している。しかし、この論争がどのように決着がついたのかは不明である。

重陽宴

格式ある詩宴

九月九日、紫宸殿《ししんでん》で重陽宴《ちょうようのえん》が行われた。『小右記』にその詳しい記事があるが、匡衡と三善道統の二人の文章博士に題を出させたが、匡衡が選んだ「菊は是れ仙草為《た》り」が採用された。匡衡は講師も勤めている。一方の道統は失儀がはなはだ多く、途中で退出している。十数名が詩を作り、最後には一条天皇の御製も朗詠された。天皇が出御する最も格式ある詩宴の重陽宴において、匡衡は献題、講詩の役を勤めている。儒者として次第に重みを加えつつあるといっていいだろう。匡衡自身の作も『江吏部集』（巻下）に収められているが、最後の一聯は、

　幸ひに歓筵に侍りて栄耀足る

恐らくは蓬蓽《ほうひつ》に帰りなば蓬萊《ほうらい》を恋ひむ

と結ぶ。「蓬蓽」は自宅の謙称、あばらや。「蓬萊」は宮中をいう。満足感に浸っている匡衡の思いが伝わってくる。

一の人としての道長

道長の邸宅での詩宴への匡衡の参加が多くなってくる。道長はこの時点ではすでに左大臣である。中関白道隆の死後、その後をついだ嫡男伊周《これちか》との政治権力をめぐる争いも、長徳二年に起こった伊周および弟隆家《たかいえ》の従者が花山院に矢を射かけるという不敬事件によって、伊周がいわば自滅したことで、道長の勝利に帰し、左大臣として一の人となっていた。

道長邸の詩宴

まず十月十二日、道長邸で詩宴が行われ、藤原行成《ゆきなり》も召しを受けて参加している（『権《ごん》記《き》』）。紀斉名が「寒花客の為に栽う」の詩題を奉り、匡衡が序者となっている。その詩序と詩が『江吏部集』（巻下）にある。十二月十二日にも道長は自邸に詩宴を催したが、匡衡はこの時も召しを受けて、「池氷は鏡に対《む》かふが如し」の題で詩を詠んだ（巻上）。前者の詩の結びの一聯にはこう詠む。

叢を遶《めぐ》りて終日何事をか思ふ
時は好文に属《あた》りてなほ陸沈す

好文の為政者を上に戴く時代であるのに自分は埋もれたままだという。一個月ほど前の詩の自足とは打って変わった沈淪の意識である。

三　帝師として

長徳四年従四位下、式部権大輔となる

長徳四年（九九八）正月、匡衡は従四位下に昇り、官職は式部権少輔から権大輔に移った。この位官の上昇に即応するかたちで彼の文筆活動は、この年から一段と活発になって行く。

道長邸での詩

道長との関わりはますます緊密になる。正月、その邸宅での詩宴に加わって次のように詠んでいる（巻上）。

春日、左相府《さしょうふ》の東閣に陪り、同じく「春に逢ひて唯《ただ》喜気あり」を賦す

王春の喜気は光陰に感ず
温煦《おんく》中に就きて翰林に在り
四品の新袍応に道の貴ばるるなるべし
三官なほ帯ぶるは是れ恩の深きなり

寒江漸く暖かにして潜魚躍り
枯木半ば栄《はな》さきて好鳥吟ず
争ひて遇ふ君臣合体の日
万心抃悦《べんえつ》す聖賢の心

三官の兼帯

「四品の新袍」（第三句）とあることから、四位となったこの年の作である。第一句の「王春」は正月をいうので、正月の作である。「四品」と対になっている「三官」は文章博士・東宮学士・式部権大輔で、儒職の顕官であるこれら三官を兼ねていること。「春に逢ひて唯喜気あり」という句題では自然界における陽春の来復の様子を詠んでもいいのであるが、匡衡はそういう発想はしない。「春に逢ふ」を「聖賢」—聖王賢臣の恩顧を得ることと取りなして、それによって自分の官位がともに昇った喜びを一首を通して詠んでいる。

独特の発想

匡衡の心は、自己の置かれた境遇に応じて、簡単に右に左に揺れるが、昨三年の重陽宴以来の詩もそのことを示している。

道長のための辞表

三月には、道長のために、左大臣・内覧を辞退したいと申し出る表（『本朝文粋』巻四）を執筆した。この表の措辞について紀斉名が疑問を呈したという話が『江談抄』にある

（巻六―二七）。問題とされた句は、

漢の四皓《しこう》出づと雖も、応曜《おうよう》独り淮陽《わいよう》の雲に留まる

堯《ぎょう》三たび召せども来らず、許由《きょゆう》長く潁水《えいすい》の月に棲めり

である。隠逸の志を貫いた人物として、応曜・許由の二人を挙げている個所である。この句について、こうある。

紀斉名の疑問

「応曜淮陽に栖む」の句、斉名疑へり。この事、唐韻の注に見ゆ。三史・十三経には出でずと云々。

斉名が書いた勅答

斉名が何を疑問としたかであるが、斉名は大内記としてこの辞表に対する勅答を書いているが（『本朝文粋』巻二）、これに対応する所で、「親巳に戚里に非ず、心何ぞ済川に在らん」と述べている。応曜や許由は時の帝王と縁戚関係にあるわけでもなく、帝王を助けて政治を行おうとなどという意志はそもそもなかったというのである。このことを考え合わせると、斉名は、左大臣の辞表に隠者の隠遁の例を挙げるのはおかしいといいたいのであろう。それに対して「この事」以下の答えは、故事の典拠となった文献は何かを問題としていて、斉名の疑問とずれている。前年の省試論争の余韻を引きずっているような話である。

宋僧からの書状

長徳元年に遡るが、遠く中国の杭州（浙江省杭州）の奉先寺の僧源清《げんしょう》から、天台座主の暹賀《せんが》および比叡山の僧たち宛の書状が送られてきていた。至道《しどう》元年（長徳元年）四月の日付である。今は仁和寺《にんなじ》蔵『法華経開題』の奥書に引用されているが、自著などを贈って批判を乞うとともに、中国で佚書《いつしょ》となっている経論を恵与してほしいと依頼するものであった。

仏書の贈呈と探求

源清が贈ってきたのは自分の著述である『法華示珠指』二巻、『龍女《りゅうにょ》成仏義』一巻、『十六観経記』二巻、同門の鴻羽《こうう》の『仏国荘厳論』一道、慶照《けいしょう》注の『心印銘』二章で、探求の経典は智顗《ちぎ》の『仁王般若経疏《しょ》』、『弥勒《みろく》成仏経疏』『小弥陀経疏 并《ならびに》 決疑』『金光明経玄義』、湛然《たんねん》の『華厳骨目』である。この書状は宋の商人朱仁聡《しゅじんそう》の船で来日した杭州の水心寺の僧斉隠《さいいん》によってもたらされたものであった。

返牒の執筆

この宋僧からの依頼に対する返書を匡衡が執筆している。そのことは『日本紀略』長徳二年十二月二十六日条に返牒《へんちょう》を匡衡と紀斉名に作成させることが記されているが、再度、長徳四年七月に、返牒の作成と宋へ贈る経論の書写を促す道長の指示が出されている（『権記』十三日条）。匡衡が執筆した源清への返牒が『本朝文粋』（巻十二）にある。この返牒は、暹賀が亡くなったあと天台座主となった覚慶の名で送られているので、その完成は覚慶が座主に就いたこの年の十一月以後のことになる。

このいわば外交文書の作成に携わったことは、匡衡としても誇らしいものであったらしく、「述懐詩」に「大宋求法の書、報章一編を献ず」と詠んでおり、「美濃守を申す奏状」（『本朝文粋』巻六）においても、他人に勝る文章を以ての奉公の一例として「大宋国の報書、竹牒に載せて万里に伝はる」と、この返牒のことを特記している。

返牒中の秀句

この返牒に関する話として、その「玄趾を仰いで遥かに契る、願はくは膝を龍華三会《りゅうげさん　ね》の朝に促《ちかづ》けんことを〈あなたの優れた行いの跡を仰いで〈ご著書を拝読して〉遥かにお約束します、将来いつの日か膝を交えてお会いすることを〉」の句を源為憲が激賞したという話が『江談抄』（巻六―四四）にある。

外国への関心

この返牒の作成に関わったことは、匡衡の目を中国へ向けさせたはずであるが、このことに関連して詠まれたであろうと考えられる詩がある。「前源遠州刺史の水心寺の詩に和し奉る」（巻中）である。前遠江守源氏の「水心寺詩」に和したものであるが、そのもとの詩も現存する。前遠江守源為憲の「大宋国の銭塘湖《せんとうこ》水心寺の詩を見て感有り、之《これ》に継ぐ」（『本朝麗藻』巻下）である。水心寺はこの詩題に明示されているが、杭州の名勝西

杭州の水心寺

湖の近くにあった寺。為憲が見た「水心寺詩」は未詳であるが、水心寺からすぐに想い至るのは、前述の源清の書状を日本へ持参した水心寺の斉隠である。「水心寺詩」を日

本へもたらしたのは斉隠であろう（本間洋一『本朝麗藻巻下』注解）。為憲の詩には、藤原公《きん》任《とう》、源孝道《たかみち》も和しているが（『本朝麗藻』巻下）、匡衡は尾聯に、

　応に是れ蓬莱山の聖寺なるべし
　杯に乗りて契りを結ぶこと相求めんと欲ふ

現在の西湖（2004年秋撮影）
水心寺はこの湖の近くにあった.

と詠み、海を渡って水心寺を尋ねてみたいものだと、異国へ心を馳せている。

九月、匡衡をはなはだ感激させる出来事があった。その感激の大きさはそのことを詠んだ「述懐詩」の句数の多さに示されている。

　其の年の秋九月、尽日帙《ちつ》を枕にして眠る。
　疎帷に風颯々《さつさつ》たり、閑庭

勅使の来訪
勅命を承ける
には草芊々《せんせん》たり。

遙かに雁櫓の過ぐるを聴き、空しく蛛網の懸かるに任す。

忽ち門を叩く者有り、青鳥翅聯翩《はねれんべん》たり。

云ふ是れ勅喚有りと。驚遽して衣裳顚《さかさま》にす。

車を促して西に向かひて行くも、縕袍《うんぼう》殆《ほと》ど全からず。

待賢門自《よ》り入り、禁掖《きんえき》に中涓《ちゅうけん》を尋ぬ。

夕郎《せきろう》手に書を持ち、口に勅語を以て伝ふ。

此れ孔子世家なり、家々の説詮《あき》らかならず、
宜しく江家の説を以て、之を叡覧に備ふべしと。

詔を奉じて汗は背を浹《うるお》す。浅学にして自専たるを恐る。

毫《ふで》を抽んでて立ちどころに点を加へ、掌を指すがごとく乾に応ふ。

祖父の言を追憶して、巾を湿して涙潺湲《せんかん》たり。

二十六句を費している。九月のある日、匡衡の屋敷の門を叩く者があった。「青鳥」は使者。青い鳥が西王母《せいおうぼ》の使者となったという故事による。それは勅使であった。匡衡は大慌てで車に同乗して宮中に向かい、蔵人を通して天皇の命を承けた。「中涓」「夕郎」

ともに蔵人をいう。書物を手にした蔵人は次のような天皇の言葉を伝えた。「これは『孔子世家』であるが、その理解の仕方が儒家によって異なっていて明確でない。江家の説を私に示してほしい」。余りの事の重大さに冷汗が背中を流れた。自らの浅学独断を恐れつつも、一気に江家の家説に従って訓点を施し、天皇の命に応えた。「乾」は天子をいう。ここで想い起こされたのが祖父維時の言葉であった。元服の席でのあの「努《つ》力《と》めて堅《かた》きを攻むべし。我は稽古の力を以て、早く公卿の員に備はれり。汝《なんじ》は帝師の体有り、必ず文王の田《かり》に遇はん」という教訓である。学問に精進すれば、必ず天子のお目に留まるという祖父の教えがまさに現実のものとなったという思いで、感涙にむせんだという。

江家の訓説を献呈

匡衡の訓説を伝える『史記』古写本

「孔子世家」は『史記』の一篇である。「孔子世家」ではないが、匡衡の訓説を伝える『史記』の古写本が現存している（小林芳規『平安鎌倉時代に於ける漢籍訓読の国語史的研究』、一三四頁）。宮内庁書陵部蔵の三条西実隆《さんじょうにしさねたか》が永正《えいしょう》七年（一五一〇）に書写した『史記』で、「五帝本紀」の奥書に、

本云、善清｜、江匡｜、橘直｜。已上三説並存。

とあり、それぞれ三善清行《きよゆき》、大江匡衡、橘直幹《なおもと》と考えられる。つまり書陵部本「五帝本

紀」にはこの三者の訓説が摂取されていることになるが、本文中にその実例が見られる。なかで江家の説がいちばん多い。たとえば、「舜曰、天也夫」について、上欄に「江家点、夫字不読之」とある。「天也夫」を他家の説では「天ナルカナ」と読むのに対し、大江家の訓法では、末尾の「夫」は不読として「天ナリ」と訓むというのである。匡衡が伝えた大江家の訓説が知られる古写本が現存しているのは貴重である。

十月、匡衡は一人の未亡人のためにその亡夫の四十九日の願文を書いている。「右近中将宣方《のぶかた》の為の四十九日の願文」(『本朝文粋』巻十四)である。十二日の日付である。宣方は宇多源氏で左大臣重信《しげのぶ》の子で、その妻は『尊卑分脈』によれば、藤原北家長良《ながら》流の文信の娘、あるいは文信の姉妹である。匡衡が記すところによれば、宣方は右近衛中将という武官に就いていたが、また好文の人でもあった。「文道を嗜《たしな》みて詞露自づから鮮やかなり」、また「窓中に詩書堆《うずたか》し、巻を舒《の》ぶること罷《や》みて塵空しく積もれり」という。主人を失った詩書が開かれることもないまま、塵をかぶって窓際に積まれている。

宣方の死を巡っては、『千載集《せんざいしゅう》』(巻九)にも哀傷歌が収められている。

花の盛りに藤原為頼《ためより》などともにて岩倉にまかりにけるを、中将宣方朝臣、などかかくと侍らざりけむ、後の度だにかならず侍らん

源宣方四十九日願文

好文の人

具平親王と公任の哀傷歌

と聞えけるを、その年、中将も為頼も身まかりにける。又の年、
かの花を見て大納言公任のもとにつかはしける
中務卿具平親王

545 春くれば散りにし花もさきにけりあはれ別れのかからましかば

返し
大納言公任

546 行き帰り春やあはれと思ふらむ契りし人のまたも逢はねば

亡くなるその年のことである。具平親王は藤原為頼ほかの人びとと花を見に洛北の岩倉に出かけたが、宣方には誘いがかからなかった。そこで宣方は「なぜ私には言葉をかけていただけなかったのでしょうか。次の機会には必ず私にも」と申し越してきたが、思いがけないことに、宣方も為頼も亡くなってしまった。このようなことのあった翌年、親王は宣方と約束した花を見て、思いを公任に詠み送ったのである。

具平親王邸に集う

具平親王は、先に匡衡がその書斎での詩宴に参加していることを見た。この『千載集』の歌からは、宣方も具平親王の許に集う文人、歌人たちの一人であったことがうかがわれる。匡衡と宣方とを結びつけたのは、具平親王邸での詩宴だったのではなかろう

か。

この願文をめぐっては、『江談抄』（巻六―四八）に、次のようなエピソードが書きとめられている。

願文中の自慢の句

大江以言《ゆきとき》が匡衡に、あなたが作った願文のうちで、秀句と思っているのはどれだろうかとたずねた。すると匡衡は「古剣窓に在り、秋水を撫でて涙を拭ふ」の句を朗誦した。以言も二三度この句を詠じたが、感心したともしないとも言わなかった。

匡衡が自慢の句としたのはこの願文中の一句である。この引用とは本文に少し違うところがあるが、

故剣傍らに在り、秋水を撫でて涙を流す、
虚弓壁に倚《よ》る、暁の月に向かひて腸を断つ。

である。夫の遺愛の品物を見て悲歎に沈むと述べる箇所である。

昇殿、侍読となる

この願文の執筆から十日ほど後のことであるが、匡衡を欣喜雀躍させる出来事が再びあった。初めて昇殿が許され、また天皇の侍読を勤めることになったのである。『歌仙伝』によれば、昇殿したのは十月二十三日であったが、「述懐詩」では先の『史記』「孔子世家」への加点のことに引き続くかたちで、そのことをこう詠んでいる。

其の後未だ幾日ならずして、昇殿して神仙に接す。
左右の師子に近づき、楼殿の環玼《かんし》に攀《よ》づ。
巻を執りて明主に授くれば、縦容として冕旒《べんりゅう》は褰《かか》げらる。

「神仙」はここでは天皇を指す。次の二句は侍読としてその席に着いたことをいう。

講授した古典の数々

次いで、天皇に講授した古典を列挙する。

尚書《しょうしょ》十三巻、老子亦《また》五千、
文選六十巻、毛詩三百篇、
加ふるに孫羅《そんら》の注を以てし、加ふるに鄭氏《ていし》の箋《せん》を以てす。
史記の滞義を捜りては、追ひて司馬遷に謝し、
文集の疑問を叩きては、仰いで白楽天に慙づ。

ここに挙げられているのは『尚書』『老子』『文選』『毛詩』『史記』『白氏文集』である。「孫羅注」は『文選』の、「鄭氏箋」は『毛詩』の注である。匡衡はほかでも侍読のことに言及している。『老子』の侍読を勤めたことを詠んだ詩（巻中）の長文の詩題には、

頃年《けいねん》、累代の侍読の苗胤を以て、尚書一部十三巻、毛詩一部二十巻、文選一部六十巻及び礼記、文集を以て、聖主の御読に侍る。皆是れ鴻業を潤色し、王道を吹瑩《すいえい》す

る典文ならざるはなし。

という。『礼記《らいき》』が加わっている。また子挙周の任官に関して藤原挙直《たかなお》の助力を求めた長保四年（一〇〇二）の書簡（『本朝文粋』巻七）では、「匡衡、毛詩、荘子、史記、文選を以て天子に授け奉る」と述べ、『荘子』を数えあげている。

天皇の師範

師範として天皇に古典を教授することは、儒者としての最大の名誉であったはずであるが、このことについても「汝は帝師の体有り、必ず文王の田に遇はん」という、元服の席での祖父の訓戒が現実のものになったわけであり、匡衡には深い感慨があったに違いない。

最初の古典は毛詩

匡衡は教授した古典として数多くのものをあげているが、侍読はこれ以後、長年にわたって続けられているので、その年時が知られるものは、そこでまた述べることにするが、この時、初めて教授したのは『毛詩』だったようである。のち寛弘元年三月三日の詩宴の序（「賦二花貌年々同一」、巻下）に「匡衡、初めて毛詩を以て侍読し、自づから御製の日び新たなるを喜ぶ」と述べている。

頼通の読書初め

この年は、道長の嫡子頼通《よりみち》の読書初めの講師も勤めている。匡衡自身がそのことをいうものとして、「余感尽きず、更に一首を加ふ」（巻中）に道長家と自分との関係の深さ

を物語る一例として、

　嫡子納言に孝経を授く（納言、七歳にして師に従ふ日、匡衡始めて孝経を授く。）……

という。割書は匡衡の自注であるが、頼通七歳の年は長徳四年である。『江家次第《ごうけしだい》』にも記録がある。巻二十「摂政関白家子書始」に実例が列挙されているが、その一つとして、

古文孝経を講授

　宇治殿（長徳四、七歳、京極殿、博士匡衡朝臣、古文孝経、左府自取」禄給」之）

とある。京極殿は儀式が行われた場所である。

通例は御注孝経

　匡衡の詩ではただ「孝経」というが、『江家次第』の記事で『古文孝経《こぶんこうきょう》』であることが明らかになる。当時用いられていた『孝経』のテキストには『古文孝経』と『御注《ぎょちゅう》孝経』の二種類があり、読書初めは『御注孝経』が用いられるのが通例であった。『江家次第』の前述の条は、読書初めの儀式の手順について詳細に記述しているが、そこにも「其の上に書を置く。五帝本紀、若しくは御注孝経。其の傍らに角筆を置く」とあって、使用のテキストは『史記』の「五帝本紀」か『御注孝経』とする。『古文孝経』は異例であった。

長保元年年号の勘申

　翌長徳五年（九九九）に入ると、正月早々に改元が行われて長保《ちょうほ》元年となるが、この「長

保」の年号は匡衡が選んだものであった。匡衡の上司である式部大輔菅原輔正も勘申に参与していて、その勘文も残っているが（『大日本史料』二―三所収「東山御文庫記録」）、匡衡の案が採用された。年号の勘申も、儒家として誇るべき功績の一つとなるが、それが匡衡においてどう意識されたかは、六年後、長保から寛弘に改元された時に見ることにしよう。

東三条院詩宴

この年の匡衡の儒家としての活躍はより一層目覚ましいものとなる。五月六日から七日に及び、藤原道長は東三条院に詩宴を開いたが、匡衡も加わり、序者を勤めた。その詩序と詩――「『水樹佳趣多し』を賦す」は『江吏部集』（巻上）に収められる。「卿相《けいしょう》四五輩、風月数十人」（詩序）が招かれた盛大なものであったが、『本朝麗藻』に藤原公任と源道済《みちなり》の詩が、『類聚句題抄』に紀斉名と大江以言の摘句が引かれている。『御堂《みどう》関白記』によれば、ほかに「作文の人々」として藤原隆家《たかいえ》・斉信《ただのぶ》があった。

内裏詩宴

六月九日、今度は天皇の主宰する詩宴が清涼殿で催されたが、ここでも匡衡は序者を勤めた。その詩序（「『暑きを避けて水石に対かふ』を賦す」、巻上）のなかにある、

詩序中の佳句

班婕妤《はんしょうよ》の団雪の扇、岸風に代へて長く忘れ
燕《えん》の昭王の招涼の珠、沙月に当たりて自づから得たり

の一聯は、のち藤原公任の『和漢朗詠集』（巻上・納涼）に選び入れられることになり、また『江談抄』（巻六―三七）では、匡衡の詩序には、破題の個所（詩序の中間部で、句題の意味を説明し、展開させるところ）にすぐれた表現が多いとして、この聯がその一例とされている。

願文、呪願文の制作

七月三日、藤原実資は禅林寺で亡妻婉子《えんし》女王の一周忌の法事を行ったが、その願文を匡衡が執筆した（『小右記』）。婉子は為平《ためひら》親王の娘で、花山天皇の女御となり、のち実資の妻となっていた。七月二十二日には、臨時の仁王会が行われた。仁王会では呪願文が読誦されるが、この時の呪願文は匡衡が作成した（『権記』）。

定子への批判

八月十八日、匡衡は行成の許を訪れ、中宮の定子のことについて、中国の故事を持ち出して話をしている。行成が記録しているが、なかなか興味深い。

江学士来る。語る次《ついで》に云はく、「白馬寺の尼、宮に入りて唐杣（祚）亡びし由あり。皇后の入内を思ふに、内の火の事は旧事を引けるか」と。（『権記』）

則天武后の故事

「杣」の後の（　）のなかの「祚」は『権記』史料纂集本の傍注である。同じく「白馬寺尼」に「則天《そくてん》武后《ぶこう》」の傍注がある。この「尼」は武后に違いないが、武后が尼になった寺は白馬寺ではない。武后は唐の太宗の後宮に入り、太宗の没後には感業寺で尼となったが、この感業寺はほとんど無名の寺である（氣賀澤保規『則天武后』）。一方、白馬寺は中国に仏教が伝えられて初めて建立されたとされる名刹である。そこで白馬寺に結びつけられたのであろう。こうした伝承が中国にあるのか、日本での変容であるのか不明であるが、匡衡はそう理解していた。尼となっていた武后は高宗《こうそう》に見いだされてその後

唐朝を亡ぼす

宮に入り、着々と権力を手にして、ついには帝位に即き、国号をも改めて周とした。つまり「唐祚亡ぶ」わけである。

定子は兄伊周の失脚に伴って出家したものの、依然として一条天皇の寵愛を受けて内裏に参入し、子を身ごもるまでになっていた。のちの敦康《あつやす》親王である。出産の近づいた定子は八月九日には平生昌《なりまさ》邸に移り、十七日には安産を祈るための御修法《みしほ》も始められた。こうしたなかでの匡衡の話である。「内の火の事」とは六月十四日に起こった内裏の焼亡をいう。こうした不祥事が起きるのは、尼となった后が帝王の寵愛を受けていることに依るものだと、唐朝の衰亡の故事と重ね合わせて非難しているのである。

唐朝になぞらえる

行成のための辞状

九月六日、藤原行成は蔵人頭を辞職したいとする奏状を奉ったが、これは匡衡に執筆を依頼したものであった。なお、この辞状は八日には返されたが、これについて、実資は辞状の提出はポーズだったのだろうと、彼らしい辛辣な批評を加えている（『小右記』

十日条)。

大井河遊覧

九月十二日、藤原道長は嵯峨、大井河に遊覧し、紅葉を楽しんだ。『権記』『小右記』に記事があり、藤原誠信《さねのぶ》・公任・行成、源成信《なりのぶ》・時中《ときなか》・道方《みちかた》、慶滋為政《ためまさ》らが同行したことが記されている。まず、大覚寺、栖霞観《せいかかん》を訪ね、次いで大井河畔へと移動した。そこで、扈従《こしょう》していた匡衡が道長の命で「処々に紅葉を尋ぬ」という和歌題を披露した。

公任の詠歌

この遊覧では有名な歌が詠まれている。公任が大覚寺の滝殿で詠んだ歌である。『権記』にも異例のこととして漢字表記で記録されているが、ここでは公任の歌集『公任集』(新編国歌大観)から引用しておこう。

大殿またところどころにおはしし時、人々具して
紅葉見にありき給うしに、嵯峨の滝どのにて

119　滝のおとはたえて久しくなりぬれど名こそながれてなほ聞こえけれ

『百人一首』に入る歌である。

内裏詩宴

九月三十日、秋の終わりに当たって、内裏で詩宴が開かれた。匡衡は題者となり、「秋を筆硯の中に送る」という題を献じ、また序者をも勧めた。その詩序と詩は『江吏部集』(巻上)にある。

敦道親王邸の詩宴

十月七日、帥宮《そちのみや》で詩宴が開かれた。『権記』の記事を引こう。

夜に入りて帥宮に詣《まい》る。作文の事有るなり。式部権大輔、題を献ず。云はく、「唯《ただ》詩を以て友と為す。情を以て韻と為す」。亦《また》序者為り。

ここでも匡衡は献題と序の執筆とを合わせ行っている。帥宮は大宰帥である親王をいうが、これは敦道《あつみち》親王である。

敦道親王

属文の王卿

敦道親王（九八一～一〇〇七）は冷泉《れいぜい》天皇の皇子である。敦道親王の名が知られているとすれば、それはもっぱら和泉式部《いずみしきぶ》の恋の相手としてであろう。『和泉式部日記』は、こののち長保五年の春の出会いから、周囲の非難の眼差しの中で、式部が宮の邸宅へ引き取られるまで一年近くの、二人の交渉を書き綴ったものである。ただし敦道はこうした軽々《きょうきょう》な貴公子というイメージとは別の側面も持っていた。当時の言い方では「属文の王卿」——詩文を愛好し、これを作る能力を有する皇親の一人であった。彼の好文を物語るものの一つが詩宴の主宰であり、これがその一例である。この時の匡衡の詩、「賦㆓唯以㆑詩為㆒㆑友」と詩序は『江吏部集』（巻中）に採録されている。この詩宴の参加者としてほかに藤原行成、藤原広業《ひろなり》、源明理《あきまさ》が知られる（『権記』）。

敦道はこの自邸での詩宴の一個月ほど前にも、岩倉の大雲寺の観音院で詩宴を行って

いる。『権記』の九月十一日条に、

通直、広業来る。帥宮、観音院に於いて作文の事ありと云々。

とある。広業は先の藤原広業、通直《みちなお》は大江氏である。二人は扈従したのであろう。また『本朝麗藻』（巻上）に「暮春、都督《ととく》大王の法興院《ほこいん》に遊覧するに陪り、同じく『庭花旧に依りて開く』を賦す」という題の源道済《みちなり》の詩がある。「都督大王」は大宰帥親王の唐名で、これも敦道である。年時は未詳であるが、親王が法興院に遊覧し、そこで催した詩宴での作である。大江以言もこれに加わっていた（『類聚句題抄』）。さらに『和泉式部日記』、『大鏡《おおかがみ》』（「道隆伝」）にも親王が作文会を開いていたことを示す記事があり、「属文の王卿」としての敦道親王の姿はより鮮明になってくる（拙稿「敦道親王」）。

長保元年の匡衡の活躍は正月の年号の勘申に始まって、目覚ましいものであった。

長保二年

年が改まってもそれは変わりなかったが、そのことを見ていく前に、時間の順序に即して、匡衡が行成に寄せた手紙（『本朝文粋』巻七）を見ておこう。匡衡という人物の心のあり様をよく示すものである。

行成より『貞観政要』を借用

二月六日、匡衡は行成から借用していた『貞観政要《じょうがんせいよう》』を返却するに際して書状を添えた。

『貞観政要』

『貞観政要』は唐の太宗《たいそう》と群臣たちとの間で交わされた政治問答および彼らの言

行を記録したもので、唐の呉兢《ごきょう》の編纂。太宗の治世は君臣ともに治国に精励して理想の政治が行われた時代として、その年号を以て〈貞観の治〉と称されるが、その聖代の記録である。我が国におけるこの書の受容は、まず、九世紀末成立の『日本国見在書《げんざいしょ》目録』に著録されており、次いで『政事要略《せいじようりゃく》』に部分的な引用があるが、この書状は、それに次ぐ受容の記録である（池田温「『貞観政要』の日本流伝とその影響」）。寛弘三年に匡衡はこの書を一条天皇に進講することになるが、そのことはそこで述べよう。

行成への書状

その書状である。

　返納す貞観政要十巻

右、召しに依りて返上すること件《くだん》の如し。但し除書より以後、心は死灰の若《ごと》し。

除目への不満

この書状の主旨であるはずの書物の返却については書き出しの一文だけで、「但し」以下は正月に行われた除目への鬱憤が延々と続くのであり、このことがすでにかなり異例といわなければならない。以下次のように続く。

今度の政《まつりごと》、文章宿学の咎《とが》を以て、給はるべき官を給はらず。仍《よっ》て公宴、釈奠《せきてん》及び一所の詩宴より以外は、永く風月の交はりを絶ち、また雑筆を絶つこと前に同じ。才儒を沈めらるは、何ぞ坑するに異ならん。書林を廃せらるは、何ぞ焚《や》くに異ならん。儒を崇ぶべき大旨は、貞観政要に載せたり。法有りて行はれず、文有りて用ゐられず。……

焚書坑儒になぞらえる

先頃の除目では、学者であることをもって給わるべき官が与えられなかった。そこで以後は内宴や重陽などの公宴、釈奠および摂関主宰の詩宴以外は参加しないと宣言する。驚くべき幼児性である。またこれを儒者、学問の冷遇として、秦の始皇帝《しこうてい》が行った焚書坑儒になぞらえる。

夫れ文章は天地の心、群徳の祖、百福の宗、万物の戸なり。之を用ゐれば明王為り、之を好めば聖代為り。唐の太宗は十八学士を置く。才高き者は卿相と為り、其の次は刺史と為る。延喜准的す。此の二代は若《も》しくは謬訛《びゅうか》なるか、若しくは賢明なるか、愚にして未だ弁ぜず。周、採詩の官を置き、八百の祚永々たり。唐、照文館を立て、三千の徒煌々《こうこう》たり。

学者を重んじた時代

学者を重んじた先例として唐の太宗を持ち出すのは、いうまでもなく『貞観政要』に因《ちな》んでのことである。書名は前段に出ていた。我が国の延喜、醍醐《だいご》天皇の治世もこれを手本とした。こうした学者を尊重する姿勢が誤りなのか、正しいのか、愚かな私には分からないというのは、匡衡としては最大の皮肉のつもりであろう。

当代はどうか

学問が重んじられる聖代のあり方に比べて、当代はどうであろうか。

当時の行はるる所は、蔵人、式部・民部の丞《じょう》、外記《げき》、官史《かんし》、両院の判官代《ほうがんだい》の七箇所は、皆一労を以て賞せられ、検非違使のみ独り棄てらる。是れ才学の大過なり。天子に四隣有り。いはゆる前疑後承は蔵人頭なり、何ぞ一言せざるや。悲しきかな、傷ましきかな、一挙に遇はず。

蔵人頭の責務

蔵人ほかの七官については、それらの経歴が認められたのに、私の以前の官歴である検非違使だけが認められなかったというのも、なまじ才学を有していることがもたらした大きな咎である。「才学の大過なり」というのも皮肉である。ついで行成に八つ当たりする。古代の中国には「四隣」という、側近にあって君主を補佐する者がいたが、これに当たるのが蔵人頭である。その任にあるあなたは、なぜ一言天子の過ちを正してはくださらなかったのだろうか。

誤った人事

そうして、誤った人事の例を具体的に指摘する。

国の将《まさ》に興らんとするや、政を人に聴く。国の将に亡びんとするや、政を神に聴く。夫れ神社の功、神感ずるが若《ごと》く歆《う》くるが若し。藤原貞嗣《さだつぐ》、小を改めて大と為し、金銀を鏤《ちりば》め、善を尽くし美を尽くせり。丹波に任じ、従四位上に叙せらるること太《はなは》だ速やかなり。然れども未だ三十ならずして逆旅に客死せり。大江為基は……、上毛《かみつけ》野在樹《のありき》は……、源満季《みつすえ》は……、高階助順《たかしなのすけのぶ》は……。神の祐《たす》けざること明らかなり。君知らずや見ざらんや。仲尼《ちゅうじ》曰はく、「学べば禄其の中に在り」と。此の言に欺かれ、少年にして誤りて文学を好めり。是れ一夢に一生を誤つ比《たぐい》なり。此の書は只一覧に備ふ。他聞他見すべからず。匡衡半死半死なり。文星証明すべし、尊閤又知るべし。

長保二年二月六日　窮儒大江匡衡

孔子の言を批判

「仲尼」すなわち孔子の言は『論語』「衛霊公篇」に見える。学問は結果として経済的な幸せをもたらしてくれる。この言葉に私はだまされたと匡衡はいう。この個所について、大曽根章介氏は「たとへ一時の感情が然らしめたものとはいへ、いやしくも儒門に遊び当代の碩学と尊崇されている人間が、孔子の言を蔑にするとは言語道断である」（「大江匡衡」）と厳しく批判した。まさにそのとおりなのであるが、同じような発言をした人物は匡衡だけではなかった。先にもいたのである。

藤原篤茂の例

藤原篤茂《あつしげ》は、天禄四年（九七三）正月に、閑職である図書頭《ずしょのかみ》に十年間据え置かれたままであるので、大内記、木工頭《もくのかみ》、あるいは淡路守に空席ができたならば任命してほしいという奏状（『本朝文粋』巻六）を奉ったが、そのなかで、自分の今の窮状を訴えたあとに、次のようにいう。

宣尼《せんじ》言へること有り、曰はく、「耕して飢ゑ其の中に在り、学べば禄其の中に在り」と。初めは斯の言を信じき、今は其の妄なるを知る。

孔子の言葉を昔は信じていたが、今はそれがうそだと分かった。匡衡のいうところと同じである。ただし、この先例があるからといって匡衡の発言が免罪されるわけではない。「此の言に欺かれ、少年にして誤りて文学を好めり。是れ一夢に一生を誤つ比なり」などという言い方は、これまでの自らの歩みを自ら否定するものといってもよいだろう。

行成の返書

行成は返書（『本朝文粋』巻七）を寄せて次のように述べる。これは要点を摘記する。

古人言へること有り、「運と云ひ命と云ひ、共に天に在り」と云々。夫れ天の運命は、智に非ざれば知らず、主人の今春の刺史の選に応《あた》らざりしは、是れ運の至らざるなり。

運命を知るべし

人には運命というものがあることを知るべきだと諭す。「主人」は翰林主人（文章博士）で匡衡を指す。ここの記述から、匡衡が国守に任ぜられることを期待していたことが知られる。長徳二年に遡るが、検非違使の労によって越前・尾張等の守の兼任を申請して

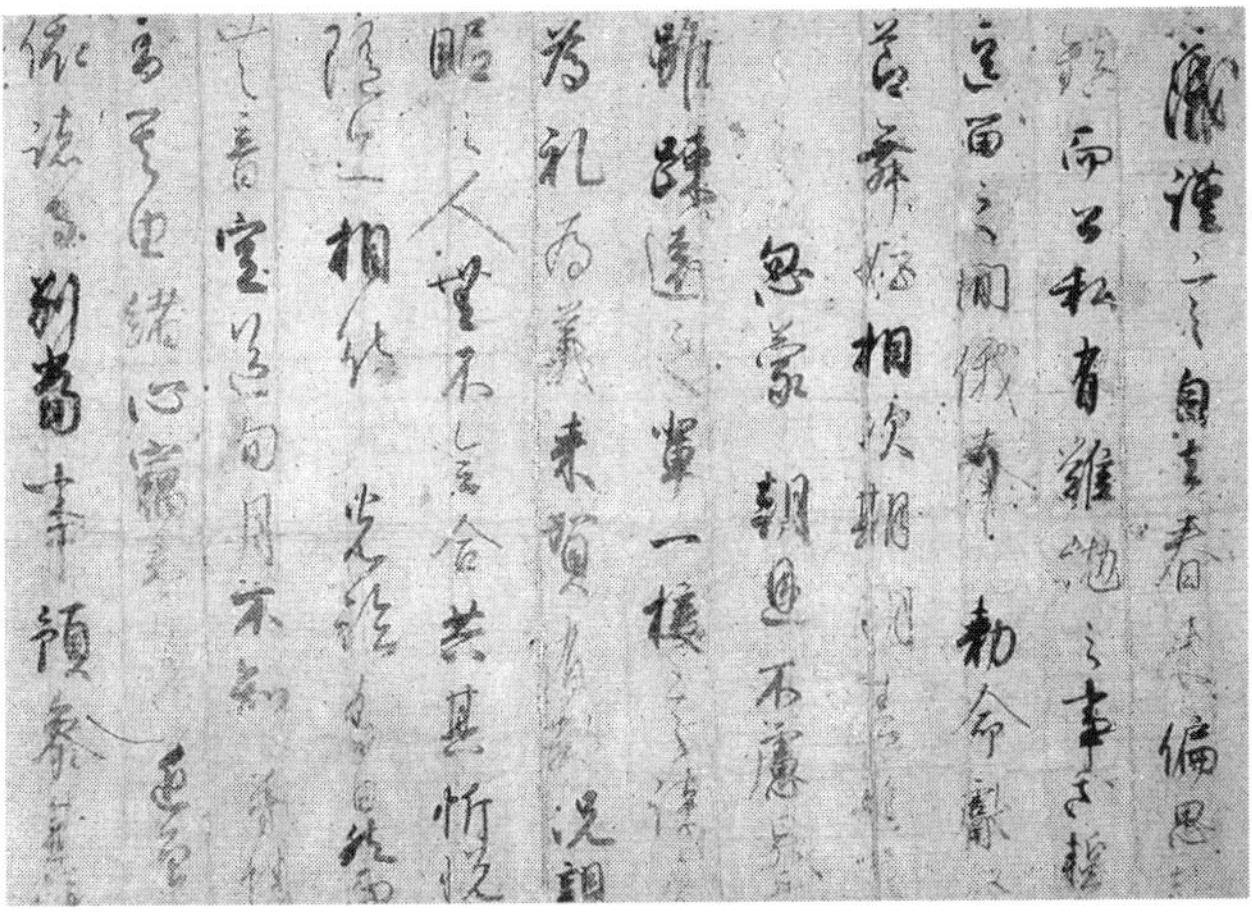

藤原行成書状

匡衡宛の返書も，このような流麗な筆で書かれていたはずである．

いた。

式部大輔、文章博士、東宮学士にして位は四品に昇り、身は一人（天皇）に師たり。既に是れ、我が后《きみ》、文を好みたまふ秋《とき》なり。また人を知る鑑《かがみ》有るに非ずや。

あなたが身に帯びている官位を考えるならば、今は好文の御代というべきである。

昔日学を好みしこと、更に悔ゆべからず。彼の万戸の侯も貪るべからず、況《いわ》んや一郡の守に於いて、終身の栄と為すべけんや。ただ性を潔くして行を修め、崇班を期すべし。周文の呂尚父を用ゐるや、彼れ何人ぞや。自愛自愛、弥《いよ》いよ聖道を学びて、我

行成の教諭

土御門邸の詩宴

土御門邸の藤原道長

『紫式部日記絵詞』（藤田美術館所蔵）による．

が后をして堯舜に及ばしめよ。

自分の過去を否定するようなことを言ってはならない。高が国守ぐらいを目標にすべきではない。いっそう学問に精進して帝にお仕えすべきであると教え諭して、返書を結ぶ。この匡衡の書状にはその続きがあって、彼の人となりをいっそう際立たせるのであるが、それは一年後に見ることにしよう。

三月二日、道長の土御門邸に詩宴があり、匡衡も参加した。この時の「花影春の池に浮かぶ」の題で詠んだ詩は『江吏部集』巻下に収録される。行成は召されたことを『権記』に記述しているが、「中宮に参る。作文有り。題云、……」と記す。わざわざ

「中宮」とするのが気になるが、彰子は二月二十五日に土御門第に入り、そこで中宮の宣旨を受けたばかりであったから（『御堂関白記』）、こう記したのだろうか。終わってのち、行成は源道方・成信といっしょに帰宅している。この二人も詩宴の参加者である。道方は長徳四年十月に匡衡が願文を書いた宣方の兄弟で、やはり詩文に堪能であった（拙稿「宇多系源氏の文人」）。道方、成信は前年九月の道長の嵯峨への遊覧にも従っていた。

道長の左大臣辞表

道長の病気

五月九日、道長は病気を理由に左大臣の職を辞したいとする表（第二表）を奉呈したが認められず、同十八日、第三表を奉った。ともに匡衡が執筆している（『本朝文粋』巻四）。この時の道長の病いは重く、辞職が認められた（ただし平癒の後、左大臣の職に戻っているが）。この間、また直後も、行成は連日のように道長の許に伺候して相談に与っているが、呪詛があったこと、道兼《みちかね》の霊が道長に付いたこと、道長が「邪気の詞」を発したことなどを記し、次のような感慨を書きとどめている。

世の無常

其の栄幸を論ずれば、天下に比《たぐい》無し。而《しか》るに今霧露相侵し（病気となり）、心神亡きが若《ごと》し。邪霊領得し、平生ならざるに似たり。死は士の常なり。生まれて何の益かこれ有らん。事の理を謂へば、是れ世の無常なり。（五月二十五日条）

内裏詩宴

九月二十四日、二つの詩宴があった。『権記』が記録するが、一つは内裏で行われ、

御書所詩宴

菅原孝標

新内裏の完成

祝賀の詩宴

匡衡が「木葉の落つること舞ひの如し」という題を献じ、天皇も詩を賦し、道長、忠輔《ただすけ》、斉信らが候した。また御書所でも「夜深けて遠雁を聞く」の題で作文が行われた。匡衡はこれにも参加しており、それぞれの詩が『江吏部集』に収められている。この日のことで注目されるのは、内裏の宴で、菅原孝標《たかすえ》が序者となっていることである。『更級《さらしな》日記』の作者の父の孝標である。この時、彼は蔵人であるが、天皇出御の内裏作文で序者を勤めていることは、菅原氏の一員たるに相応しい役目を果たしているといえる。ただし、これが結果的には、詩文制作に携わっている孝標の姿を我々が目にする唯一の機会となる。その意味で、この時の詩序が残っていないのは残念であるが、詩は一聯のみが、『和漢兼作集』(巻九)に引かれている。

前年の長保元年六月に内裏が焼亡し、一条院が仮の内裏とされていた。新しい内裏の造営は直後から計画され、工事が進められてきたが、ここに完成し、十月一日、天皇は新造の内裏に還御した。その直後の十七日は庚申に当たっていたので、新内裏で、初めての詩宴が行われ、道長、公任、忠輔らが召しを受けて参上した。忠輔と匡衡が詩題を献じたが、忠輔の「燕雀相賀す」が採用され、匡衡は序者となった。「燕雀相賀」は『淮南子《えなんじ》』説林訓の「大廈《たいか》成りて燕雀相賀す」(大建築が完成すると、そこに巣を作る燕と雀が祝賀する）から選ばれたものであるが、この詩宴にはまことに相応しい詩題であった。匡衡は詩序で新殿の竣功をこのように記述する（巻下）。

匡衡の詩序

長保の初め、天子、左丞相に勅して禁囲を修復せしむ。蓋《けだ》し周公の成王の為に洛邑《らくゆう》をトし、蕭何《しょうか》の高祖の為に漢宮を営む例なり。丞相は棟梁の材大にして、丹青の功高し。皇基を億載に期し、華構を不日に成す。万国の歓心、皆魯般《ろはん》の巧匠を択び、九重の基趾、已に魏闕の前規を復す。是に車駕宮に還り、天人合応す。先づ正南の紫宸に御し、朝会を百辟に開き、続《つ》いで老子の玄訓を伝へて、夜漏を三尸《さんし》に守る。

道長の功績

今回の内裏の再建には左大臣道長の功績が大きかったと述べている。皇統の基が永遠であることを期して、短時間のうちに工事が成り、以前と同じように修復されたという。ついで、天皇の還御、引き続く今日の庚申の御遊のことをいう。

祝賀の詩

詩には次のように詠む。

新たに看る大廈《たいか》自然に隆《たか》し
燕雀賀び来りて感緒通ず
囀《さえず》りて歓情を結ぶ青璅《せいそう》の月
飛びて喜気を含む紫庭の風

鳳台に翅《はね》を接《まじ》ふ報環の後
鸞殿に巣を問ふ遺卵の中
九禁の光明今悦予《えつよ》す
便ち知る皇葉万年同じきことを

詩題に即して燕雀の喜ぶ姿を描写し、結びの聯で皇統の万歳であることを賀す。応製詩の典型である。

応製詩の典型

敦明親王の読書初め

　十二月二日、皇太子居貞《おきさだ》親王（後の三条《さんじょう》天皇）の第一皇子、敦明《あつあきら》親王の読書初めが、この頃、皇太子がいた道長の東三条第で行われた。敦明はこの時、七歳である。儀式の様子は『権記』に詳しいが、テキストは慣例に従って『御注孝経』を用い、式部大輔の菅原輔正が侍読を勤めたが、これを補佐する尚復となったのは、文章得業生の大江挙周《たかちか》であった。江家の後継者として成長していく息子の姿に匡衡は満足したことであろう。

後継者としての挙周

匡衡自身は序者となっていて、その「冬日、東宮に陪《はべ》り、第一皇孫の初めて御注孝経を読むを聴く。令に応ふ」の序と詩は『江吏部集』巻中にある。匡衡は時に東宮学士でもあったから、東宮の皇子の読書初めは彼にとってもまた喜びであったに違いない。

詔の一語をめぐって

　この年、一つの語の用法をめぐって、半年にわたって学者間で議論がくり返され、暮れに至ってようやく結論が出るということがあった。その発端を作ったのは匡衡である。『権記』がそのことを詳しく記述しているので、これによる。五月、東三条院詮子の病気回復を願って大赦が行われたが、その詔を外記の慶滋為政《よししげのためまさ》が作った。それに次のような一文があった（十八日条）。

朕、草昧を以て、忝けなくも鴻基を承く。痊《いや》さむと欲する懐ひ、方赤に凝らすと雖も、苦《ねんごろ》に祈る感、彼の蒼に達し難し。

「草昧」

「鴻基」は帝王という大きな事業の基、「方赤」は真心、「彼蒼」は天のことである。ここに用いられている「草昧」の語について、匡衡がこれは不適切な措辞であると難じたので、作者の為政および参議のなかの儒者である菅原輔正と藤原忠輔の意見を徴することとなった。為政は先例があること、また「指す所已に明らかの由」を述べ、参議二人は為政がいうように例があるならば問題はないと返答した（二十三日）。

諸儒による勘申

しかしこれで決着がついたわけではなく、七月になって諸儒に勘申させることになり（八日）、一方、匡衡に対しても改めて「難の旨」を勘申させることとなったが、匡衡は次のように答えた。「先には詔書を見てすぐに気付いたことを申し述べたばかりであったが、はっきりと勘申するようにということであれば、先日進上した『周易正義』と

周易会釈

『周易会釈《かいしゃく》』を返していただきたい」。そこで書物を匡衡に返して、「草昧」の措辞について勘申するようにと命があった（十七日）。ここに見える『周易会釈』は呉越国に渡っ

日延の将来書

た僧日延《にちえん》が天徳《てんとく》元年（九五七）の帰朝の折に持ち帰ったという由緒ある書物であった。

「草昧」の典故

ここで「草昧」の語は『周易』に典故があることが明らかになる。この語は「屯《ちゅん》」に「天造草昧」とある。「天造」は天による万物の創造、その初め。「草昧」はまだ草創の暗い状態にあること。『周易正義』は魏の王弼《おうひつ》、晋の韓康伯《かんこうはく》の注に唐の孔穎達《くえいたつ》が疏《そ》を加えたもので、もっともオーソドックスな注である。

次のような注がある。

屯は天地造始の時なり。造物の始は冥昧に始まる。故に草昧と曰ふなり。……草は草創を謂《い》ひ、味は冥昧を謂ふ。言《いうこころ》は天造の万物、草創の始めに於いては、冥昧の時に在るが如きなり。

「草昧」は忌諱を犯す

八月三日、匡衡は「草昧」の用字は忌諱《きい》を犯しているとした勘文を提出したので、これが妥当であるかどうか、明経博士らに判定させることとなった。明経博士の中原致明《むねあき》

明経博士らの判定

が勘文を提出しようとしたが、大江淑光《よしみつ》・惟宗為忠《これむねのためただ》はこれが「不当」であるとして署名を拒否したので、各自に勘文を出させることとした（九月二十八日）。どちらがどうであ

ったかは不明であるが、学者間で意見が分かれる判断の難しい問題であったわけである。十二月に至って結論が出た。詔書中の「草昧」の語を削除して「薄徳」という語に変えることで決着した（二十九日）。匡衡の意見が通ったわけで、匡衡に名をなさしめるという結果となった。

「薄徳」に改める

第三　学統の継承

文人官僚としての後半期である。この時期、匡衡は式部権大輔《しきぶごんのたいふ》や東宮《とうぐう》学士、文章博《もんじょう》士という儒職に在りつつ、地方の国守を兼任して、実際に任国に赴き、国守としての任務に従事している。その点で、以前とは区別されよう。また、匡衡はそうした身分で死を迎えることになる。

長保《ちょうほ》三年（一〇〇一）、匡衡は尾張権守に任命され、尾張国に赴任する。これより五年前の長徳《ちょうとく》二年に、検非違使《けびいし》の労と儒学の功によって越前《えちぜん》か尾張《おわり》の国守を兼任させてほしい旨を奏請していた。その希望がかなえられたことになる。匡衡は尾張へ妻赤染衛門《あかぞめえもん》を同道した。衛門は尾張への旅の所どころを歌に詠んでおり、匡衡の赴任の途路の記録となっている。また衛門の歌は尾張における匡衡の動静も伝える。

尾張は「尾張国郡司百姓等解《げ》」に象徴されるように、国守にとっては治政がなかなかに難しい国であったが、匡衡は治国に成功したようである。四年の任期を終えて、寛弘《かんこう》二年（一〇〇五）匡衡は都へ戻り、文人社会の重鎮として以前にもまして重みを加え活動していたが、同六年、治国に失敗して郡司百姓らから罷免を訴えられた尾張守の後任として、再び尾張へ赴く。この時も赤染衛門は同行する。

ただし、この度の尾張守はわずかに一年強で終わり、より都に近い丹波《たんば》守へ転任する。天皇の侍読《じどく》を勤める博士が遠国《おんごく》にいては都合が悪いという理由であった。それから二年後の長和《ちょうわ》元年（一〇一二）、藤原実資《さねすけ》の『小右記《しょうゆうき》』に登場する匡衡は急速に衰えを見せ、七月十六日、六十一歳で没する。

一　尾張赴任

長保三年尾張権守となる

長保三年、匡衡はようやく念願の国守の地位を得ることになる。正月二十四日、尾張権守に任ぜられた（『歌仙伝』）。正暦《しょうりゃく》三年にも同じく尾張権守を兼任したが（『歌仙伝』）、これは遙任《ようにん》で、実際に赴任することはなかったようである。匡衡はのち寛弘六年にもまた尾張守となるが、その時の「冬日、州廟に於いて賦す詩」（巻中）に次のようにいう。

明時の侍読一愚儒

再び得たり尾州竹使の符
長保の春風初めて駕を促し
寛弘の冬雪更に途に迷ふ

匡衡の意識では長保が初めてで、寛弘が二度目である。

参内して赴任の挨拶

尾張へ赴くに先立って、二月二十六日、参内して赴任の挨拶を行っている。

即ち召し有りて内へ参る。……上野介《こうずけのすけ》重義《しげよし》、尾張守匡衡朝臣等罷《まかり》申す（『権記《ごんき》』）。

この時、天皇より馬が下賜された。そうして二十九日に京を立って、三月二日には尾張に着いた。これらのことは、匡衡自身が藤原行成《ゆきなり》宛の書状に書いていることである。

行成への書状

着任早々、三日付で匡衡は次のような書状を京の行成に送っている（『本朝文粋《ほんちょうもんずい》』巻七）。

匡衡、頓首《とんしゅ》再拝して謹《つつし》みて言《もう》す。去月二十九日首途《しゅと》し、今月二日境に入りて着任す。洛より州に莅《のぞ》む間、曽《かつ》て風雨の難なし。そもそも任に赴く日、近く御前に召し、賜ふに温諭の綸言《りんげん》を以てし、示すに聖皁《せいそう》の駿駒《しゅんく》を以てす。人耳目を驚かし、道光華を施す。桓栄《かんえい》より栄え、呂尚《りょしょう》より尚《とうと》し。彼の西曹の始祖菅清公は貞観《じょうがん》の侍読なり。車に乗りて宮中に出入するを聴《ゆる》さる。此の東曹の末儒江匡衡は長保の師読なり。馬を賜ひて城外に進発することを得たり。君の師を崇《とうと》ぶこと、古今此《かく》の如《ごと》し。

延喜式の下向日程

天皇より馬を賜わる

まず平安のうちに尾張の国府に着任したことをいう。この四日という日数は『延喜式《えんぎしき》』主計《しゅけい》式に規定された国司の任国下向の日程にぴたりと合っている。ついで赴任に当たって天皇より親しく言葉を賜り、餞別の馬を与えられたことをいう。黒色の駿馬であった。これは匡衡が天皇の侍読を勤めてきたことによる特別の恩賜であったのだろう。桓栄は漢の明帝《めいてい》の、呂尚は周の文王《ぶんおう》の師である。これら中国の故事以上の厚恩であるという。なお菅清公は菅家の学統を確立した清公《きよとも》であるが、彼は仁明《にんみょう》朝の承和《じょうわ》九年（八四二）に没しているので、「貞観」、清和《せいわ》天皇の侍読ではありえない。清公の子、是善《これよし》と誤ったものである。さらにこのように続ける。

匡衡、昔は白屋幽閑の夕、ただ蠹簡《とかん》を拾蛍《しゅうけい》の中に披《ひら》き、今、朱輪照耀の朝、更に龍蹄《りゅうてい》を五馬の外に加ふ。士の道を楽しむこと、窮通此の如し。……東海には使君為り、北闕には侍臣為り、東宮には賓客《ひんかく》為り、北堂には主人為り、李部《りぶ》には大卿為り、芸閣《うんかく》には別当《べっとう》為り。一身の六事を兼ぬるは、古今未だ聞かざる所なり。侍読は稽古の力なり、玉を懐きて明王に献り、刺史《しし》は当今の恩なり、錦を衣《き》て買臣《ばいしん》に継ぐ。学べば禄其の中に在り。孔聖の微言、誠なるかな、誠なるかな。匡衡が異賞殊私、喜ぶべく、懼《おそ》るべし。栄耀恩沢、陳《の》べざること能《あた》はず。たまたま此の旨を以て、聖聴に達せんことを賜へ。匡衡、頓首再拝して謹みて言す。

「蠹簡」は虫の食った書物。「五馬」は太守の乗る五頭立ての車で、これに加えて「龍蹄」、天皇下賜の駿馬があるという。六事は尾張守、天皇の侍読、東宮学士、文章博士、式部権大輔、それに内御書所《うちのごしょどころ》別当であるが、匡衡が内御書所別当の任にあったことはほかには所見がない。「侍読は稽古の力なり」とは、例の匡衡元服の折の祖父の教訓を念頭に置いてのことである。買臣は会稽《かいけい》の太守となって栄誉を得た漢の朱買臣《しゅばいしん》。尾張守任官はそれと同様の、天皇の格別の恩寵であるとして、『論語』のなかの孔子の言を引いてこういう。「学べば禄其の中に在り。孔聖の微言、誠なるかな、誠なるかな」。ここを読んで行成はきっと鼻白む思いがしたに違いない。一年前の匡衡は、やはり行成への書状のなかで、同じ孔子のこの語句を引きながら、こう言っていたではないか。

仲尼曰はく、「学べば禄其の中に在り」と。此の言に欺かれ、少年にして誤りて文学を好めり。是れ一夢に一生を誤つ比《たぐい》なり。

同じ孔子の言を用いながら、希望通りの官が得られると、同じ相手にこのように述べたことを忘れてしまったのか、一転して手放しの称賛である。大曽根章介氏の次のような厳しい評価も、匡衡は甘受せざるをえないだろう。

一身に六事を兼ねる

孔子の言を称賛

豹変する言辞

僅か一年しか経たないのに、逆境から順境に転ずると、忽ち天子の徳を讃へ尼父の言を崇める彼の態度を見ると、無節操この上もないといひたい。……、まことに翰林の鴻儒としてその見識のないことは情ないもので、当代にその比を見ないといつても過言ではなからう。（「大江匡衡」）

美濃守源頼光への書状

この時、隣国の美濃《みの》の国守は源　頼光《みなもとのよりみつ》であったが、赴任直後の匡衡の許へ頼光より書状が送られてきた。三月二十八日付で返事（「頼光に報ずる書」『本朝文粋』巻七）を書き送っている。

匡衡、謹みて言す。去る二十一日の法札、昨日酉《とり》の時に到来す。詳《つまび》らかに委趣を奉じて、已に鬱陶を散ず。そもそも仁王会《にんのうえ》の呪願文、厳命に背き難し。筆を走らせ草し奉る。倉卒の事、定めて雅意の如《ごと》からざらんか、恐恥恐恥。但し春宮大進《だいしん》、東宮学士の同時に美濃・尾張の守と為る、古今希有の事なり。共に天恩に遇へり。文武の道、未だ地に墜ちずと謂《い》ふべし。内に在りてはすなはち銀膀に席を同じくし、外に在りてはまた銅虎境を接ふ。宜《よろ》しく杭越戯和の跡を継ぐべし。虞芮《ぐぜい》畔を争ふ心有ること莫かれ。隣交の美、此の時見るべし。他事参拝を期す。匡衡謹みて言す。

源頼光

頼光は清和《せいわ》源氏で満仲《みつなか》の子。父の代に摂津国多田《ただ》（兵庫県川西市）に拠点を据え、のち多田源氏と呼ばれることになる一門に属する。二十一日付で彼の書状が届けられたが、それは匡衡に仁王会で読誦する呪願文の制作を依頼するものであった。匡衡は応えて呪願文を作った。匡衡と頼光の関係は次に述べられている。頼光はこれより先、東宮大進であったから、東宮学士の匡衡とは東宮坊における同僚であったのであるが、その二人がまた同時に美濃と尾張という隣国の国守となることになったのである。「銀牓」は東宮、「銅虎」は国守の意。「文武の道」とは、文はいうまでもなく匡衡のことであるが、武は頼光である。すなわち匡衡において、頼光は武門源氏の人と意識されていたことを示している。そうすると、「杭越戯和の跡を継ぐべし」というのがややそぐわなくなってくる。

東宮坊の同僚

白居易と元稹

「杭越戯和の跡」とは唐の白居易《はくきょい》と親友元稹《げんしん》との詩の贈答のことをいう。長慶《ちょうけい》二年（八二二）、白居易は杭州刺史に任ぜられて杭州（浙江省杭州）に在ったが、翌三年には元稹が越州刺史として越州（浙江省紹興）に転任してきた。二人が杭州と越州にいた間に詩が唱和された。白居易の「元微之、浙東観察使に除せらる。杭越の隣州を得たるを喜び、先づ長句を贈る」（『白氏文集』巻五十三）と元稹の「楽天の隣郡を喜ぶに酬《むく》ゆ」（『元氏長慶集』巻二十二）は詩題からもそれがよくわかる例である。唱和が重ねられて詩集にまとめられるまでになったと思われ、入唐《にっとう》僧円仁《えんにん》の将来目録である『入唐新求聖教《しんぐしょうぎょう》目録』に著録された「杭越寄和詩集一巻」はそれであろうと考えられる。白居易はいうまでもないが、元稹もまた中唐の代表的詩人であり、すぐれた詩人であるこの二人が隣郡の長官となったことで、詩の贈答が行われた。それが「杭越戯和の跡」なのであるが、頼光には詩人的要素は皆無であり、「戯和の跡を継ぐ」ことなど望めそうにないのである。

元白になぞらえる

自分と頼光との関係を元白になぞらえたいという思いから、匡衡の筆が滑ったということであろうか。

妻を伴って赴任

匡衡の尾張への赴任には妻の赤染衛門も同行しているが、衛門は都を立って尾張へ到着するまでの旅の折々を歌に詠んでおり、これによって、匡衡の任国への旅程が明らかになる。衛門の尾張への旅の歌群の、最初の歌の詞書はこう始まる。

尾張へくだりしに、七月朔日《ついたち》ころにて、わりなうあつかりしかば、……

衛門が夫と共に旅立ったのは七月初めであった。このことと次の『権記』の記事から考えると、匡衡は最初二月末に任国へ下ったが、一旦京へ戻り、改めて妻を伴って尾張へ赴いたことになる（松村博司「『赤染衛門集』尾張下向歌注解」）。行成は『権記』の六月二十六日条にこう記している。

今明物忌《ものいみ》なり。静《じょう》昭《しょう》闍《じゃ》梨《り》と尾張守と来会す。

静昭

どのような用向きであったのかは不明であるが、この日、匡衡は静昭と行成宅を訪れているから、この頃、京にいたのである。同行した静昭は延暦寺の僧、もと高階《たかしな》氏で成忠《なりただ》の子で、助順《すけのぶ》・明順《あきのぶ》・積善《もりよし》らと兄弟になる。匡衡が願文を書いた正暦二年三月の仁康の河原院五時講で講師の一人となっていた。彼は説経の名手で、のちのことであるが、『権記』にそのことが記されている。長保四年五月、初めての最勝講《さいしょうこう》（清涼殿《せいりょうでん》で五日間にわたって『金光明《こんこうみょう》最勝王経』を講説し、天下泰平を祈願する）が行われた。静昭も招かれ、三日目の朝座の講師を勤めたが、その時のことである（十日条）。

説教の名手

朝座の講師、第七巻を釈す。弁説の妙、古今に冠絶す。聴く者、未曾有なりと称歎す。叡賞の余り、法橋《ほっきょう》位《い》に叙すべしと。

静昭は第七巻を講釈したが、絶妙の弁舌は聴衆すべてを感動させ、天皇は彼に法橋の位を与えたという。

出立

以下、『赤染衛門集』によって、匡衡夫妻の尾張への旅を追ってみよう。まず、出立である。先に一部引用したが、

尾張へくだりしに、七月朔日ころにて、わりなうあつかりしかば、逢坂《おうさか》の関にて、清水のもとにすずむとて

『一遍聖絵』（東京国立博物館所蔵）に描かれた鎌倉時代の大津

169 越えはてばみやこも遠くなりぬべし関の夕風しばしすずまん

「朔日《ついたち》」は初旬の意である。「一日」と理解すると、あとの計算が合わなくなる。六日と考えられる（前掲「注解」）。逢坂の関は山城《やましろ》と近江《おうみ》の境に置かれた東国への玄関口である。歌もそのことを詠む。現在、大津市。関の付近の清水も有名であった。「関の夕風」とあるので、関に着いたのは夕方であった。

大津にとまりたるに、「網引かせて見せん」とて、まだ暗きより降り立ちたるをのこどものあはれに見えしに

170 朝ぼらけおろせる網のつな見れば苦しげに引くわざにありける

一日目は大津（現、大津市）に泊まった。その翌

袋懸

朝である。まだ暗いうちから土地の漁師が琵琶湖の浜で網を引くのを見物している。その後、湖を船で対岸に渡った。一七一番歌の詞書に、「それより舟に乗りぬ。ふくろかけといふところにて」とある。「ふくろかけ」は袋懸の字が宛てられているが、未詳。

七日、えちがはといふ所にいき着きぬ。岸に仮屋作りておりたるに、ようさり月いと明う、浪音高うてをかしきに、人は寝たるに、一人目覚めて

愛知川

172　ひこほしは天のかはらに船出しぬ旅の空にはたれを待たまし

この詞書には「七日」という日付が書かれているが、七夕だからである。その日は愛知《えち》川まで進んだ。愛知川は今は能登川町と彦根市との境をなしている。七夕の夜は愛知川の河口近くに仮の小屋を造って休むこととなったが、七夕の夜という思いと明るい月明りと波音とに感情が高ぶってなかなか寝つかれなかったという。

またの日、あさづまといふ所に泊まる。その夜、風いたう吹き、雨いみじう降りて漏らぬ所なし。頼光が所なりけり。壁にかきつけし

朝妻

173　草枕露をだにこそ思ひしかたがふるやとぞ雨もとまらぬ

次の宿泊地は朝妻《あさづま》（現、米原市《まいばら》）であった。天野川の河口にあり、『延喜式』にも見える

東山道諸国の税物を積出す要港であった。頼光は先に国衡との書状の往復を見た源頼光である。今は美濃守となったばかりであるが、彼はここ近江に家を所有していたわけである。歌は、旅の宿ですから、露に濡れるぐらいのことは覚悟していましたが、こんなひどい雨漏りがするなんて。いったいどなたの古家なんでしょう、という。諧謔の気味があるのは、夫と頼光とが以前から同僚で親しいことを承知の上でのことである。

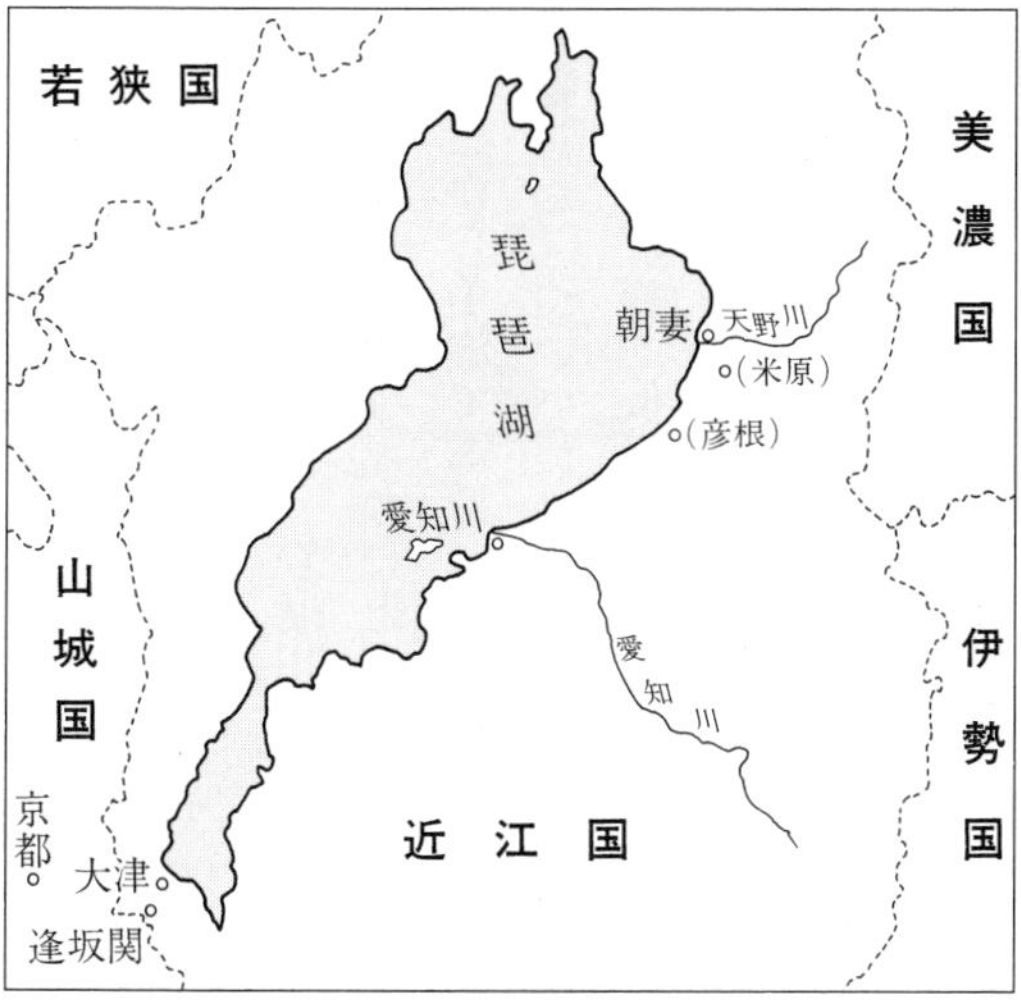

近江路図

雨で足留め

雨のせいで、一行はその古家に足留めされることになる。次の一七四番歌の詞書に、

水まさりて、そこに二三日ある程にひをを得て来たる人あり。「このごろは、いかであるぞ」と問ふめれば、「水まさりてはかくなん

侍る」といへば

とある。増水のため川を渡ることができずにいるところへ、氷魚《ひお》を取って持参した者がいた。

それよりくひせ川といふところにとまりて、よる鵜《う》かふを見て

175　夕やみのうぶねにともすかがり火を水なる月の影かとぞみる

美濃へ

尾張に入る

ここから美濃である。杭瀬《くいせ》川は今も同名の川がある。岐阜県大垣市。そこでは鵜飼《うかい》を見物した。ついでいよいよ尾張に入る。一七六番歌の詞書に、「また、むまづといふ所にとまる。夜、仮屋にしばしおりて涼むに」とある。馬津《うまづ》は東海道の渡し場であった。有名な永延《えいえん》二年（九八八）の「尾張国郡司百姓等解」にも、「馬津の渡は是れ海道第一の難所にして、官使上下の留連せる処なり」と見え、要衝の地である。愛知県津島市北西の松川に比定されている。

国府に到着

京を立って九日目に国府に到着した。そこでは長旅の思いを夫との聯歌《れんが》に托している。

「京いでて九日にこそなりにけれ」といひて、守

177　都いでてけふここぬかになりにけり

とありしかば

ともかの国にいたりしにかな

匡衡は二月の単身赴任の折は規定どおりの四日で尾張に到ったが、妻を伴っての旅は九日を要してようやく到着した。尾張の国府は現在の稲沢市にあった。

この年十二月、子の挙周《たかちか》が対策を成した。この時、挙周は正六位上、文章得業生《とくごうしょう》、播磨《はりま》少掾《しょうじょう》である。問頭《もんどう》博士となったのは参議で式部大輔の菅原輔正《すがわらのすけまさ》であった。与えられた問題は「耆儒《きじゅ》を弁ず」「循吏《じゅんり》を詳らかにす」の二問で、輔正の策文（問題文）と挙周の対策（解答）が『本朝文粋』巻三に収められている。十二月二十五日の日付がある。問題の「耆儒」とは高齢の儒者。また「循吏」は法を守って善政を行った官吏、良吏である。『史記《しき》』『漢書《かんじょ》』『後漢書《ごかんじょ》』にはこれを集めた「循吏(列)伝」がある。挙周は昨年

尾張国図

十二月の敦明《あつあきら》親王の読書初めでは尚復《しょうふく》の役に選ばれていたが、ここに対策にも及第して、順調な歩みを示している。

長保四年
熱田宮参詣

尾張へ赴いた翌年の長保四年（一〇〇二）の春、赤染衛門は熱田《あつた》宮に詣でている。そこで歌二首を詠んでいるが、一首目（一七八）の詞書に、

国にて、春、熱田の宮といふ所にまうでて、道にうぐひすのいたう鳴く森をとはすれば、「なかの森となんまうす」といふに

とある。これにはただ「春」とあるが、桂宮本『赤染衛門集』には「国へ下りつきてまたの年の春」とあって、赴任の翌年と明記している。夫の匡衡も一緒であったに違いない。尾張でもっとも由緒ある熱田神社へ参詣することは、国守としてまずなすべきことの一つであったはずである。熱田は日本武尊《やまとたけるのみこと》が所持した草薙剣《くさなぎのつるぎ》を祭ったのが始まりとされる。名古屋市熱田区にあり、今も多くの参詣者を集める。二人は神社の森厳なたたずまいに心惹かれ、管弦を奉納した。

管弦を奉納

詣でつきてみれば、いとど神さび、おもしろき所のさまなり。遊びして
奉るに風にたぐひて、ものの音どもいとどおかし

179　笛の音に神の心やたよるらん森の木風も吹きまさるなり

能公への学問料支給を請う

五月二十七日付で匡衡は子の能公《よしきみ》に学問料を支給してほしいと請願する奏状（『本朝文粋』巻六）を奉った。なお、これは日付と位置とで齟齬がある。文頭に記された位官は「正四位下行式部権大輔兼文章博士」であるが、匡衡が正四位下になるのは、後述のように長保五年十一月のことである。このような疑問があるが、ではいつかといっても確かではないので、奏状の日付のままにここで述べておく。

学問料は今でいえば奨学金であるが、それは単なる経済的援助というだけでなく、将来の進路を約束する資格の賦与という意味を持っていた（桃裕行『上代学制の研究』）。匡衡は次のようにいう。菅原・大江の両氏が文章院を創建して、東西の曹司の中心となり、多くの人材を輩出させてきた。

斯《こ》れに因《よ》り、此の両家の門業を伝ふるは、才不才を論ぜず、年歯に拘《かかわ》らず。菅原為《ため》紀《のり》、七代を以て挙に応《あた》る。其の時、高岳相如《たかおかのすけゆき》、賀茂保胤《かものやすたね》なる者有り、才に富むといへども争はず。大江定基《さだもと》、五代を以て仁に応る。其の時、田口(紀)斉名《ただな》、弓削《ゆげ》(大江)以言なる者有り、文に工《たく》みなりといへども競はず。夫れ然れば則ち累代は重んぜられ、起家は軽んぜらるること明らかなり。

重代と起家

当時、文人社会のなかに重代あるいは累代と称される世襲氏族と、そうした背景を持たず自分の力によって地歩を得ていく起家という二つの大きな流れがあったことを語っている。重代の代表たる菅江両家の学問の継承のためには、子弟の才能の有無、年齢は問題にすべきではないという。年齢はともかくとして、重代の者は才不才に拘わらず特権を享受してもよいなどとは、長い目で見れば、家学の自殺行為といってもよいだろうが、傲岸不遜《ごうがんふそん》ともいうべきこのもの言いには、家学の存続に寄せる匡衡の強烈な意志をうかがうことができる。

重代は才能年齢を問わず

母后詮子追善の法会

一条《いちじょう》天皇の母である東三条院詮子《とうさんじょういんせんし》は、昨長保三年の暮もおしつまった閏十二月二十二日に亡くなったが、この年の十月二十二日を初日として、天皇は母后追善《ついぜん》の法華八講《ほっけはっこう》を一条院の内裏で行った（『日本紀略《にほんきりゃく》』）。一条院の東対《ひがしのたい》は東三条院の生前の御在所であったので、これを御堂とした（『本朝世紀《ほんちょうせいき》』）。そのための『法華経』の書写は、天皇自ら筆を取り、第一巻と第八巻の二巻を書いた。ほかは具平《ともひら》親王、道長、行成がそれぞれ二巻を書写した。追善願文は匡衡が執筆したが、願文（『本朝世紀』二十二日条）にもそのことを書いている。

天皇自ら法華経を書写

匡衡の願文

延喜《えんぎ》聖代、天暦《てんりゃく》聖代の母后を恋ひ、紺紙黄金を以て、一乗の勝躅《しょうちょく》を手写せしに慣らひて、渺身《びょうしん》に課して金泥《きんでい》の妙法蓮華《みょうほうれんげ》経を書き奉るなり。而《しか》るに志余り有りて、

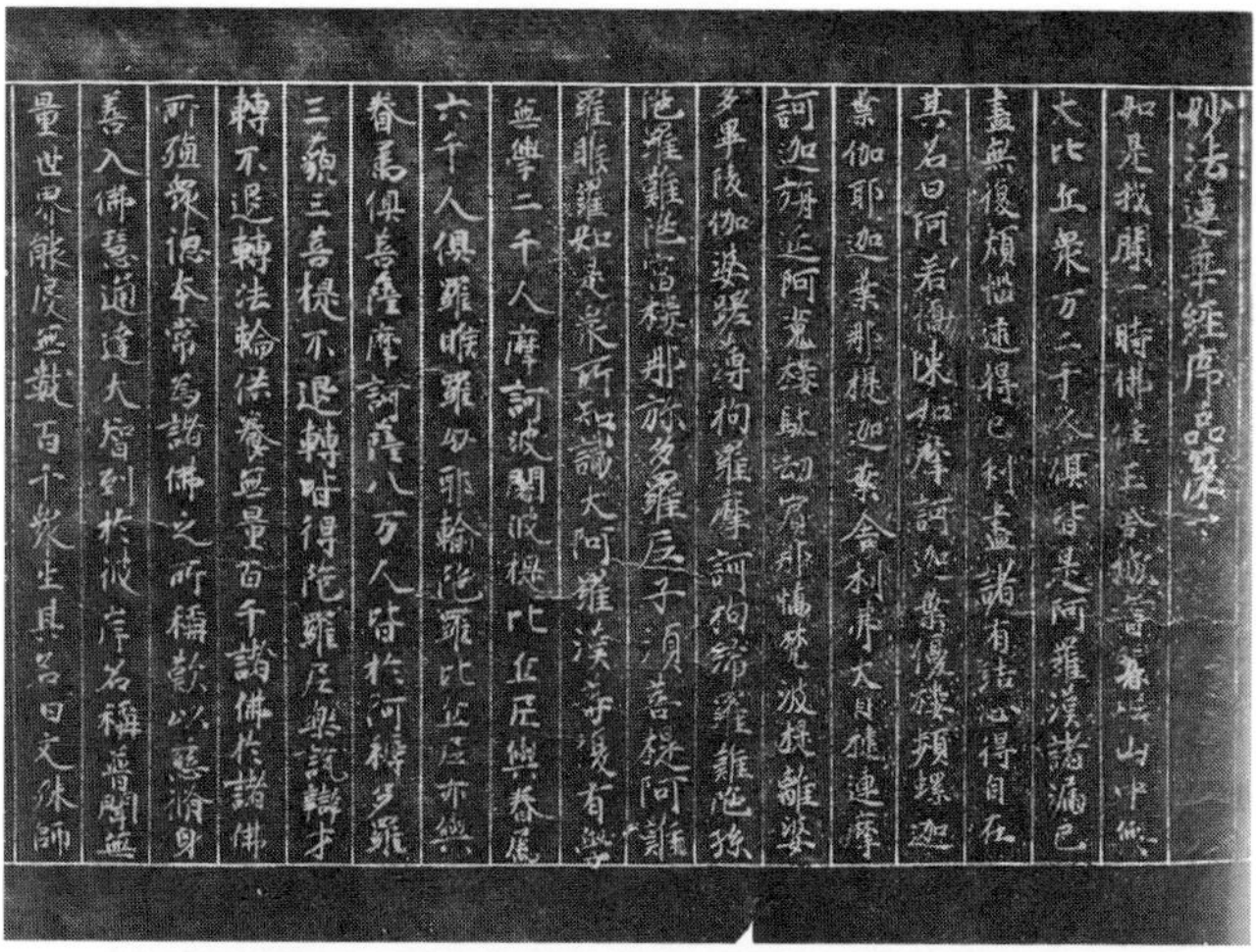

妙法蓮華經序品第一
如是我聞一時佛住王舍城耆闍崛山中與
大比丘衆万二千人倶皆是阿羅漢諸漏已
盡無復煩惱逮得己利盡諸有結心得自在
其名曰阿若憍陳如摩訶迦葉優樓頻螺迦
葉伽耶迦葉那提迦葉舍利弗大目揵連摩
訶迦旃延阿㝹樓駄劫賓那憍梵波提離婆
多畢陵伽婆蹉薄拘羅摩訶拘絺羅難陀孫
陀羅難陀富樓那彌多羅尼子須菩提阿難
羅睺羅如是衆所知識大阿羅漢等復有學
無學二千人摩訶波闍波提比丘尼與眷屬
六千人倶羅睺羅母耶輸陀羅比丘尼亦與
眷属倶菩薩摩訶薩八万人皆於阿耨多羅
三藐三菩提不退轉皆得陀羅尼樂説辯才
轉不退轉法輪供養無量百千諸佛於諸佛
所殖衆徳本常為諸佛之所稱歎以慈修身
善入佛慧通達大智到於彼岸名稱普聞無
量世界能度無數百千衆生其名曰文殊師

金字で書写された紺紙金字法華経巻第一巻首（厳島神社所蔵）

力及ばず。纔《わず》かに第一第八を写して、其の外の軸々は、字名自ら書きて、若《も》しくは人をして書かしむ。また外戚の臣なるを以て、左相《さしょう》二巻を写し、また中書王《ちゅうしょおう》、右丞《うじょう》各おの二巻なり。

なお、願文は施主、ここでは一条天皇を主語として書かれる。願文に写経の書写者について、このように細かに記述されることは稀である。天皇自らが筆を取ったことを強調しようとするのであるが、それは醍醐《だいご》・村上《むらかみ》天皇の先例に倣うものであるという。

匡衡はこの時、詩（巻中）も詠んでいる。長い詩題を持つ。

昔、延喜・天暦二代の聖主、各おの母后の奉為《おんため》に手づから金字《こんじ》の法華経を書く。我が祖江納言、侍読なるを以て願文を作る。今、聖上、また東三条院の奉為に手づから金字の法華経を書く。匡衡また侍読なるを以て願文を作る。三代希有の事なり、宜しく来葉に貽《おく》るべし。情感に堪へず。絶句を詠じて坐偶に題す。蓋《けだ》し子孫を励ます為なり。

釈尊往昔《むかし》経王を説く
霊鷲山《りようじゆせん》の風は聖皇に属《およ》ぶ
稽古の我が君母徳に酬《むく》ゆ
応《まさ》に天暦と延長とに同じかるべし

江家の儒者による先例

詩の「経王」は経典の王たるもので、ここでは『法華経』。「霊鷲山」は釈迦《しやか》が説法をしたというインドの山。詩題では母后の供養のために天皇自ら『法華経』を書写したということに加えて、侍読を勤める江家の儒者が願文を作ったということが加えられている。むしろそちらに重点は置かれている。そうして、その先例も醍醐・村上の二朝にあったというが、ここには虚構が含まれている。

村上天皇の母后追善写経

天暦九年（九五五）、正月四日、村上天皇は故母后穏子《おんし》の一周忌追善のため、弘徽殿《こきでん》で、

維時の願文

法華曼陀羅《まんだら》と自ら書写した『法華経』を供養し、法華八講を行った（『扶桑略記《ふそうりやっき》』）。願文は参議の大江維時《これとき》が執筆した。その「村上天皇、太皇太后の奉為に宸筆《しんぴつ》の法華経を供養する願文」（『本朝文集』巻三十六）に次の一文がある。

去る延長年中、先帝、贈皇太后の奉為に、手自《てずか》ら法華経を写す。古今希有なり、方寸に尊重せん。

醍醐天皇の母后追善法会

願文は菅原淳茂の作

ここにいう醍醐天皇による母后胤子《いんし》のための法華経供養は延長《えんちょう》三年（九二五）八月二十三日、胤子ゆかりの勧修寺《かじゅうじ》で行われた（『日本紀略』）。ただし、この時願文を執筆したのは菅原淳茂《あつしげ》で（『扶桑略記』）、匡衡がいうように「我が祖父納言」ではなかった。匡衡がこのことを知らなかったはずはない。正しくは天暦と今との二代であるのに、延喜もそうであると、あえて虚構化までする。ここから見えてくるのは強烈な江家《ごうけ》の学統へのこだわりである。

藤原挙直への書状

十一月十四日、匡衡は三河《みかわ》守の藤原挙直《たかなお》に書状を送り、息子挙周の明春の蔵人任官を藤原道長に上申してくれるように依頼している。『本朝文粋』巻七に「挙周が明春の所望を上啓せらるべき事」として収められている。途中までを引用すると、このように述べる。

右、伏して旧慣を検するに、秀才蔵人の濫觴《らんしょう》は江家自《よ》り起こり、延喜自り始まる。延喜には則《すなわ》ち曾祖父の伊予《いよ》権守千古《ちふる》朝臣、侍読為《た》りし間、男秀才維時を以て、挙げて蔵人に補す。天暦には則ち祖父の中納言大江卿、侍読為りし間、男秀才斉光《ときみつ》を以て、挙げて蔵人に補す。円融《えんゆう》の御宇《ぎょう》、叔父の左大弁《さだいべん》大江卿、侍読為りし間、男秀才定基《さだもと》を以て、挙げて蔵人に補す。今、当時の匡衡、侍読為りし間、男挙周、秀才と為りて、対策及第す。天の江家に福《さいわい》す、家塵《かじん》を継ぐべし。

秀才蔵人

匡衡は秀才蔵人ということを持ち出している。文章得業生で蔵人に補任されることである。それは大江家の維時が延喜つまり醍醐朝に任ぜられたのに始まるという。そうして三つの先例を示しているが、いずれも父が時の天皇の侍読であった間に、息子が蔵人になっている。つまり父の功績が子の任官に及ぶというわけである。今、匡衡と挙周との関係もまさに先例と同じ情況にある。挙周は対策にも及第している。当然のこととして彼の蔵人任官を期待してよい、そういう文脈である。

挙周の蔵人任官を請う

このあと、自分の侍読としての、また道長に対しては表や願文などの文章を代作したことの功労を述べるとともに、自分が現在身に帯びている官職、また挙周の学問料、文章得業生、播磨掾、東宮昇殿という経歴もすべて道長の推挙、恩顧によるものであると

道長の恩顧

感謝の意を表す。そうして、今自分は「東海の遠吏」となっていて、朝廷の事情が分からない、上記の願いが天皇のお目に届くよう、「事の由を殿下に上啓」してほしいと結んでいる。

この書状の宛先が「藤参州刺史硯下」となっていて、『本朝文粋』の身延《みのぶ》山久遠寺《くおんじ》蔵本（新日本古典文学大系本底本）ほか三本には、これに「挙直云々」の注記がある。『権記』長保二年八月十日条に挙直の三河守現任を確認できる。

寂心の四十九日の諷誦文

十二月九日は僧寂心《じゃくしん》の四十九日の忌日に当たるので、彼を受戒の師とする道長はその諷誦文《ふじゅもん》の制作を匡衡に依嘱していたが、これが成った。『本朝文粋』巻十四に収められている。匡衡作の諷誦文として現存する唯一の作品である。

敬《うやま》ひて白《もう》す

諷誦を請《う》けむ事

三宝衆僧御布施信濃《しなの》布百端

右、故寂心上人は、弟子に於いて授戒の師なり。上人入滅の後、七々の忌、今朝已《すで》に盈《み》つ。三帰五戒、戒香《かいこう》を薫《くん》じて恩に答ふ。一字千金、金容を思ひて徳に謝す。昔、韋賢《いけん》の大江公に事《つか》ふ、礼敬の跡、苔老いたり。今、弟子の寂心上人を訪《とぶら》ふ、恋慕の涙、蓮開く。仍《よっ》て菩提《ぼだい》を飾らんが為に、請ふ所件《くだん》の如《ごと》し。敬ひて白す。

長保四年十二月九日　白衣の弟子左大臣藤原朝臣敬ひて白す。

諷誦文

諷誦文は願文の一種で、仏事を行うに当たって、仏や僧に布施を献じて、祈願の趣旨を述べ、その布施を受け納れてくれるように請う文章である。この諷誦文は寂心の四十九日の仏事のために書かれたものであるが、寂心はすなわち慶滋保胤《よししげのやすたね》である。

寂心＝慶滋保胤

保胤は陰陽道《おんようどう》を家業とする賀茂《かも》氏の出身であるが、文章道に進み、姓も慶滋に改めた。保胤は早くから浄土信仰にも心を寄せ、村上朝末年に創始された勧学会《かんがくえ》では中心的存在として活躍し、本朝における往生者の伝記を集めた『本朝往生極楽記』を編纂した。これは大内記在職時の仕事であるが、その翌年の寛和二年（九八六）出家し、心覚また寂心と号した。匡衡には従兄弟にあたる大江定基（寂照《じゃくしょう》）が弟子となっているが、道長も彼に戒を受けていたことがこの諷誦文の冒頭の一文から知られる。その縁で、道長は寂心の菩提を弔うために、この仏事を行ったのである。

道長の受戒の師

「昔、韋賢の大江公に事ふ」とは、漢の儒者でのちに丞相にまで至った韋賢が、博士の大江公に就いて『詩経』を学んだことをいう（『漢書』儒林伝）。これを道長と寂心との関係と対比して対句にしている。

炎上する内裏

『直幹申文絵詞』による．慌てて物を持ち出す者，庭上で一心に祈る人．

寂心の没年

なお、この文章および日付から、寂心（保胤）が没したのはこの年の十月二十一日ということになるが、大江匡《まさ》房《ふさ》の『続本朝往生伝』中の保胤伝には「長徳三年、東山の如意輪《にょいりん》寺に終はる」とあって、当時の資料に二説がある。これについて議論があったが、近年、この諷誦文の記事に従って長保四年とすべきことで決着した（平林盛得「慶滋保胤の死」）。

長保五年二度の昇叙

翌長保五年（一〇〇三）には、匡衡は正月に従四位上に叙せられたが、さらに十一月、正四位下に昇叙された。これは造営の功によるものであった。長保二年に、前年に焼亡した内裏が再建さ

内裏焼亡

れ、その完成直後の詩宴で、匡衡が「燕雀相賀す」の詩を詠んでこれを慶賀したことを見たが、それよりわずか一年後の長保三年十一月十八日、再び内裏が焼亡した（『日本紀略』）。一条朝に頻発する内裏火災の二度目である。それも直ちに再建に着手されて、五年に至って完成した。九月十六日には諸社奉幣《ほうへい》が行われ、十月八日には天皇が一条院から新造の内裏に遷御している。この造営の功労に対する叙位が十一月五日に行われたが、この時、匡衡も昇叙されたのである。

長保五年には、この二度の叙位以外には、詩文の制作はもとより、他の動静も全く不明である。任国にあって、守としての職務を果たしていたのであろう。

百姓が耕作を拒否

五年という明徴はないが、ここで、尾張で起こったある事件のことを述べておこう。赤染衛門の歌の詞書が記録していることである。長保四年のところで述べた熱田宮への参詣時の歌のあとに書かれている。

其比《そのころ》、国人、腹立つことありて「田も作らじ、種取りあげ干してん」といふとききて、また、ますだの御社といふところにまうでたりしに、神に申させし

180　しづのをの種干すといふ春の田を作りますだの神にまかせん

かくてのち、田みな作りてきとぞ

百姓たちが何かに怒って田の耕作の拒否を宣言するというトラブルが起こったのである。種子も奪うといっていることから、この田は種籾を農民に与えて耕作させる、国庁田、御館《みたち》田などと呼ばれた国衙《こくが》の直営地であったと考えられる（村井康彦『平安貴族の世界』）。

尾張国郡司百姓等解

尾張国の百姓の抗議といえば直ちに想起されるのが、有名な「尾張国郡司百姓等解」である。永延二年（九八八）、尾張の郡司、百姓たちが、時の国守藤原元命《もとなが》の非法を数えあげて朝廷に訴えるという事件が起こった。「解」に列挙された元命の罪状三十一箇条の初めには、(1)出挙利稲《すいこりとう》の加徴に関する非法、(2)租税田、地子《じし》田に対する官物加徴の非法、(3)租穀の任意加徴の非法、(4)正税のほかに理由のない稲を徴収した非法など（上記村井著書による要約）、租税に関わる訴えが挙げられている。匡衡が直面したのも同様の問題ではなかっただろうか。

真清田の神に祈る

そこで匡衡（衛門）はその解決を「ますだの御社」に祈願した。ますだの御社は尾張の一宮の真清田《ますみだ》神社である（一一三ページ「尾張国図」参照）。現在、その名を負う一宮市にある。ますだの御社の神力で問題は解決したという。

寛弘元年

長保六年（一〇〇四）、七月には匡衡の勘申にもとづいて寛弘と改元されることになるが、

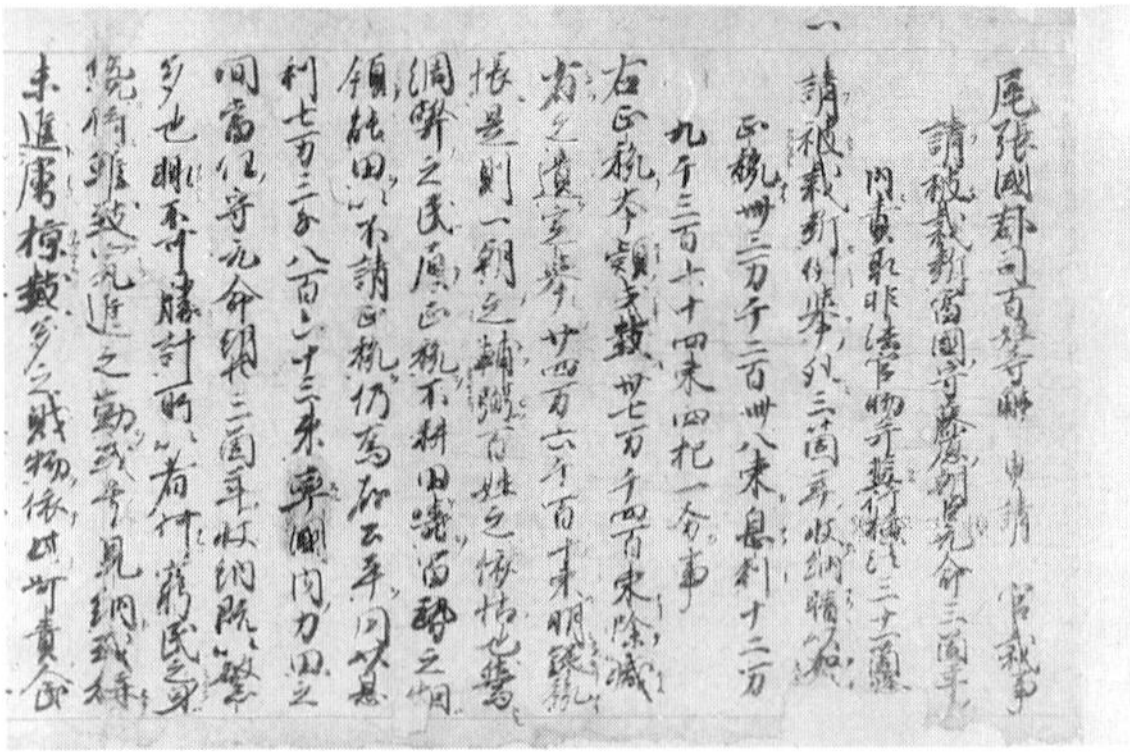

尾張國郡司百姓等解　申請　官裁事
請被裁斷當國守藤原朝臣元命三箇年内
内責取非法官物并濫行横法三十一箇條
一　請被裁斷例挙外三箇年収納暗以加徴
正税卌三万千二百卌八束息利十二万
九千三百七十四束四把一分事
右正税本頴数卌七万千四百束除減
省之遺定挙廿四万六千百束明既
帳是則一國之輔調百姓之
調幹之民偏正税不耕田獲當時之烟
領掌田以不請正税仍為取公平同以息
利七万三千八百七十三束率國内力田之
問當任守元命朝臣三箇年収納既以加
多也斯不可勝計所以者何蒼生窮民之身
貌倚雖致究進之勤或号見納或称
未進庸様敷多之賤物依時可責令

尾張国郡司百姓等解（早稲田大学本巻首）

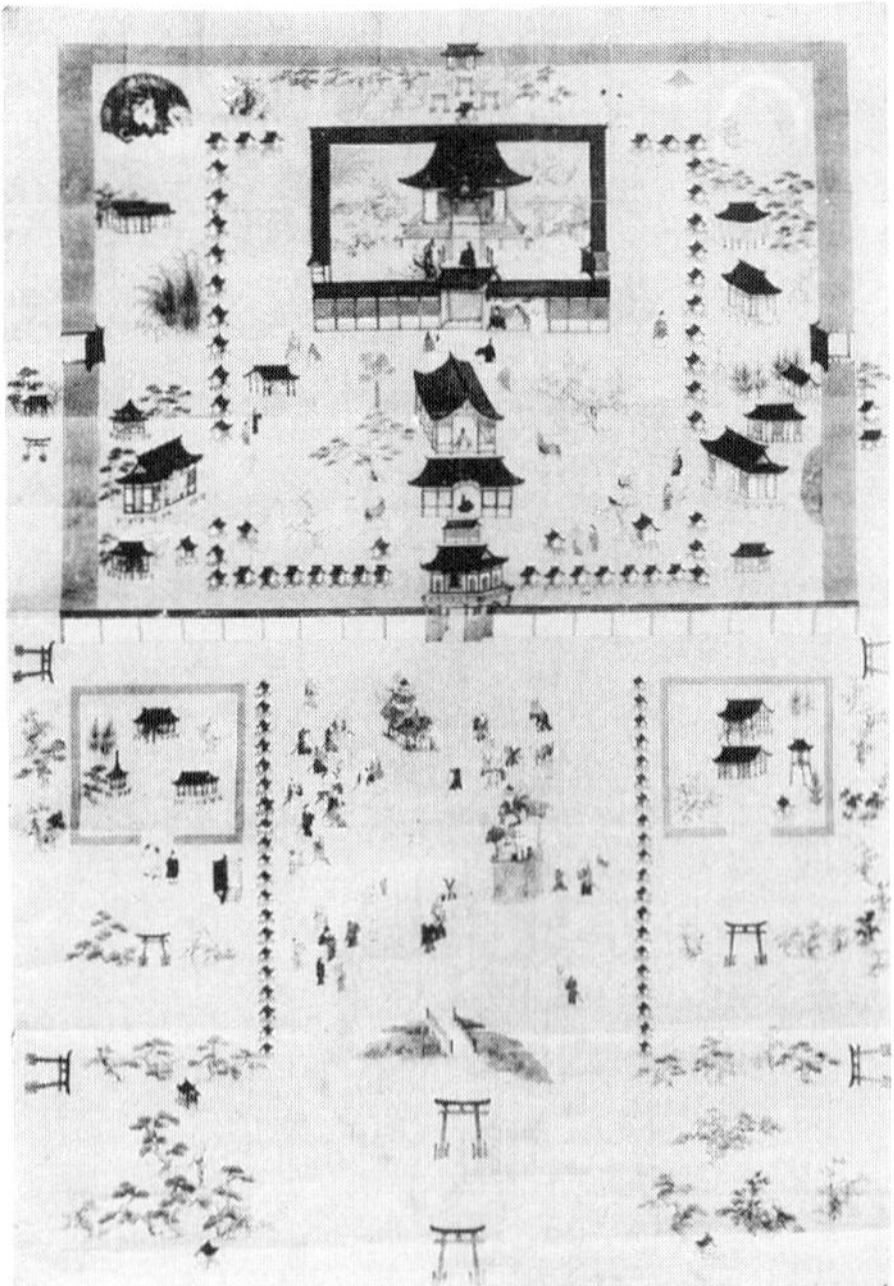

真清田神社社頭絵図

この年、匡衡は何度か京に戻っている。まず、月は明らかでないが、春、天皇が『尚書《しょうしょ》』を学ぶのに侍講を勤めている。匡衡は国守であるとともになお侍読でもあったから、その任務としてのことである。このことは次に見る詩に記されているので、具体的にはそこで述べる。

三月三日の詩宴

三月三日は曲水《きょくすい》宴が行われる日であるが、この年は停止された。二月七日に亡くなった東宮御息所《みやすどころ》綏子《すいし》（藤原兼家《かねいえ》娘）の四十九日の内にあるということであったが（『権記』）、詩宴は御書所《ごしょどころ》で天皇も出席して行われた。匡衡が序者となっている。「三月三日、同じく『花貌年々同じ』を賦す、製に応ふる詩」と序（巻下）がこの時の作である。藤原広業《ひろなり》が使となって道長の許を訪れ、参仕するようにとの天皇の命を伝え、道長は公任と同車して出仕している（『御堂関白記《みどうかんぱくき》』）。この三人は作文の参加者である。ただし作品は残らない。また行成も参加している。一聯だけであるが、詩句が残る（『行成詩稿』）。

暮春応製詩

同じ三月、匡衡はもう一度、天皇に侍すことがあって、「暮春応製」の題で詩（巻上）を詠んだ。

四十六年人未だ識《し》らず
墨沼に堙淪《いんりん》して毫《ふで》を抽《ぬきい》づるに嬾《ものう》し

幸ひに北闕仁心の厚きに逢ひ
遂に春卿をして礼秩高からしむ
匡衡四十七にして初めて昇殿を聴され侍読を兼ぬ。去年再び加階に預る。稽古の力なり
5 白雪の清歌鶯谷を出で
青雲の栄路鶴皐《さわ》に帰る
君に献ず魯水壁中の簡
今春、尚書十三巻を以て十余日にて御読了んぬ
我に投ぜらる綏山《すいざん》盤上の桃
……
13 吏部侍郎は八座を思ひ
式部大輔の侍読為る者、必ず早く八座に昇る
尾州刺史は三刀を夢みる
儒官の刺史を兼ぬるは常に殊なる恩なり
言を寄す天下の才を懐く者
自愛して冠を弾じ鬱陶することなかれ

四句目の後の自注は第四句にいうことを説明するとともに、この詩の詠作年時を語るものともなっている。四十六年間、人に知られることもなく沈淪の思いを懐いていたが、天皇の厚い慈しみの御心によって高い礼遇を受けることとなった。具体的には、長徳四年、四十七歳にして天皇の侍読に迎えられ、昇殿の身となったこと、次いで去年、加階を得たことであるという。長徳四年に従四位下に叙せられているが、その後の加階は長保五年の従四位上、正四位下と二度昇叙されたことである。したがってこの詩は寛弘元年の詠作となる（木戸裕子「江吏部集試注」）。

長年の沈淪

第四句の「春卿」は後漢の桓栄、字《あざな》春卿。彼は明帝の侍講となり、帝師の礼を以て厚遇された。

第七句に、この春、天皇に『尚書』を講授したという。このことは、前述の三月三日の詩宴の序にも、

尚書の講授

匡衡、初めて毛詩を以て読に侍りて、自づから御製の日び新たなるを喜ぶ。近くは尚書を以て徴《めし》に応じ、また曲洛の風俗に感ず。

と述べている。

第十三句の「八座」は参議をいう。この句は自分は必ずや参議に昇るはずだという。

最後は後輩を激励して結ぶ。「弾冠」は仕官を待つことで、六一ページに前出。

寛弘という年号

七月二十日、改元が行われ、新たな元号として「寛弘」が選ばれた。これは匡衡が勘申したものであったが、寛弘に定まるまでにはいささかの曲折があった。『御堂関白記』が（『権記』も）そのことを記述している。

其の後、改元の詔書を下す。改元して寛弘と為す。諸卿定め申すこと有り、「寛仁が宜《よろ》し」てへり。而《しか》るに左大弁申して云はく、「仁の字は是れ諱《いみな》の字なり。之を為すこと如何《いかん》」と。

寛仁は諱に触れる

もともと「寛仁」が選ばれたのであるが、「仁」の字は天皇の諱（懐仁）であるから、不適切だという藤原忠輔《ただすけ》の発言によって、改めて「寛弘」が選ばれたのである。「寛仁」「寛弘」ともに匡衡が選進したものであった（『元秘別録』巻一所引『小右記』逸文、長和元年十二月条）。現天皇の諱に触れるものを選ぶというのは配慮に欠けていたといわざるをえないが、彼はそうしたことはおくびにも出さず、次のように年号選定に関与したことを誇示するのである。

長保・寛弘は匡衡の撰進

長保・寛弘の間、天下幸甚。老儒傾感に堪へず、聊《いささ》か懐《おも》ふ所を述ぶ

長保の初年后房開き

寛弘頻歳親王誕《う》まる
二の年号は臣が献ずる所なり
仰ぎ望む江家父子昌《さか》えんことを
謹んで旧時を検するに、延喜の年号は紀中納言の献る所にして、其の子淑光頻りに顕要を歴て卿相に列なる。天暦の年号は江中納言の献る所にして、其の子斉光頻りに顕要を歴て卿相に列なる。長保・寛弘の政は延喜・天暦に擬ふ。江家、斯れに因りて馮《たの》む所居多《おお》し（巻中）

匡衡がこの詩を作ったのはこの時ではなく、後年のことである。一・二句目の表現から考えると、長保元年に入内《じゅだい》した彰子《しょうし》が寛弘五年に敦成《あつひら》親王を、翌六年に敦良《あつなが》親王を産んだのちのことと考えられる。

北野の詩宴

九月三十日、菅原輔正が北野天満宮（京都市上京区）に詩宴を主宰し、匡衡も参加している。この時、序者となったのは高階積善であるが、その「九月尽《じん》の日、北野廟に侍りて各おの一字を分かつ」詩序（『本朝麗藻』巻下）に、次のようにいう。

高階積善の詩序

今の吏部相公は是れ其の四葉の孫なり。相公は久しく祖宗の道を楽しんで、槐棘《かいきよく》の陰を踏み、多く文武の朝に仕えて、星霜首《かしら》に在り。昔、任を海西の府に受け、誠に其の先霊の神を拝まむことを求む。今、宴を城北の祠に設く、豈《あに》其の先霊の徳を講ずるに非《あら》ずや。

北野廟はいうまでもなく神格としての菅原道真《みちざね》を祭るが、参議、式部大輔の輔正はその四代目の子孫であるから、彼にとって北野詩宴を開くことは格別の意味があったのである。なお、輔正はこの時八十歳という高齢であった。

一条朝の道真の神格化

一条朝は道真の復権、神格化に一時期を画した時代である。永延《えいえん》元年（九八七）八月、初めて天皇によって北野社の祭礼が行われ奉幣がなされた。ここに北野は勅祭の神社に列することになる。道真に対する贈官も行われ、正暦《しょうりゃく》四年（九九三）の六月に正一位左大臣が、同年閏十月には太政大臣が追贈された。そうして、この詩宴の直後、十月に天皇の

北野行幸

北野行幸が挙行されるに至る。この時の藤原為時《ためとき》の詩がそのことを詠む。

　啻《ただ》に玄孫の盛集を成すのみに非ず
　九重の天子金鑾を促す

文道の祖道真

また神格化と相即して道真を「文道の祖、詩境の主」（慶滋保胤「賽㆓菅丞相廟㆒願文」『本朝文粋』巻十三）として尊崇し、北野廟を初め道真を祀る神社を場として作文が行われるようになる。この時の詩として『本朝麗藻』が収めるもう一首、源孝道《たかみち》の作はそのことを詠む。

　霊廟《れいびょう》は本《もと》風月の主為り

宜《うべ》なるかな明徳の蒼穹《そうきゅう》に満つること

匡衡は次のように詠んでいる（巻中）。

匡衡の詩

昔携ふ白菊叢辺の露
菅家文草に九月三十日白菊叢辺の小序有り。今感ずる所有り
今宴す青松野外の烟
同じく是れ季秋三十日
神筆を思ふ毎に涙潸然《さんぜん》たり

第一句は自注にいうように『菅家文草』（巻二）に「諸才子と同《とも》に九月三十日、白菊叢辺に飲を命ず」の詩があることを踏まえている。「白菊叢辺の露」とは菊酒のことである。

九月尽

なお、九月尽として往く秋を惜しんで詩文を作ることは我が国独自のものとみてよく、道真のこの詩はその早い例に属する（太田郁子「『和漢朗詠集』の「三月尽」「九月尽」」）。したがって九月三十日に詩宴を行うという行為自体、道真の先蹤を念頭に置いてのことであった。

熱田社の大般若会

十月十四日、匡衡は熱田神社で大般若会《だいはんにゃえ》を行った。「尾張国熱田神社に於いて大般若経を供養する願文」（『本朝文粋』巻十三）にその趣旨を述べている。長文なので要点を摘記

してみよう。

> 当国の守は代々鎮主熱田宮の奉為《おんため》に大般若経一部六百巻を書き奉《たてまつ》る。已《すで》に恒例の事為り。……当国の事、大般若会よりも先なるはなし。

尾張守は『大般若経』の書写を恒例としているという。ここにもいうように『大般若経』は全部で六百巻、一切経中、最大の経典で、その書写は大事業である。したがって匡衡は長保三年より書写を始めたという。

> 日本の長保三年八月より寛弘元年十月に至るまで、首尾四年にして之を書く。

長保三年八月といえば、尾張へ赴任した

大般若経の書写

『大般若経』金剛寺本巻一～巻九

金剛寺本は平安時代の書写本で，数巻を欠くだけの完全に近い形で残っている．

直後である。その時から現在まで足かけ四年を費やしている。

忝《かたじけ》なくも恵業《えごう》を捧げて、金輪《こんりん》聖主を祈り奉る。福寿を増長し、御願を円満にし、天下を澄清し、仏法を興隆したまへ。また左府殿下を誓護し、息災延命、千秋万歳なれ。……ただ熱田権現の垂跡《すいじやく》を恃《たの》む。我が願ひ已に満ちぬ、任限もまた満ちぬ。故郷に帰らんとする期、今幾《いくばく》ならず。神明願はくは、霊貺《れいきよう》を賜へ。

祈願の趣旨

『大般若経』書写という善業を以て何を祈るかといえば、天皇と左大臣道長のことである。任国の安寧、百姓の平安などでは決してない。天皇は治天の君として当然かもしれないが、道長の息災長命を祈るなどは、尾張守匡衡の心の在処《ありか》がどこにあるのかを端的に物語っている。

熱田に挙周の任官を祈請

この大般若会にはわざわざ都から講師を招き、併せて詩宴も開かれたらしい。そのことを記すのはこの願文ではなく、別の文章である。それは「熱田宮に男挙周の明春の侍中の所望を祈請《きしよう》する状」（『朝野群載』巻三）であるが、この文章はいろいろな問題点を含んだ作品である。

執筆年時の疑問

まず制作年時である。末尾に「長徳四年十二月九日」の日付があるが、内容とくい違っている。この文章の冒頭にはこう書かれている。

右、匡衡、鶴板を顔巷に賜はり（むさ苦しい所にお召しの詔書が届けられ）、熊軾《ゆうしょく》（車）を尾州に促す。昔雪窓の幽明に泥《なず》んで、今熱田の冥助を仰ぐ。去年神拝の次《ついで》、代々の例に依りて、已に臨時の祭を奉る。近日の京上以前、懇々の誠を致し、また臨時の祭を奉る。

寛弘元年の作

匡衡は今尾張に在って、上京を間近にしている状況にある。後述のことも考え合わせると、尾張守の任期の満ちるのを待っている寛弘元年の終わり近くであろう。日付にいう長徳四年には尾張守になってすらいない。

大般若会の講師と詩宴

次いで、制作時期とも関わるが、前述の講師招致と詩宴のことである。

書き奉る所の大般若、龍象の輩（すぐれた僧たち）を択《えら》び、法橋静照を講師と為し、仏母の奥理を解説せしむ。続《つ》いで風月の筵《むしろ》を展《の》べ、翰林の以言を序者と為し、神明の深徳を讃揚す。

この記述から、この文章は大般若会の後に書かれたものということになる。静照は長保三年六月に匡衡と一緒に行成宅を訪れた人物である。そこで述べておいたように彼は説経の名手である。それでわざわざ尾張まで招請したのだろうか。また詩宴も行い、これも文章博士（「翰林」）の大江以言を都から招き、彼を序者として、熱田神社の神徳を称える詩を詠んだという。

次には匡衡の文章制作の方法が垣間見られるということである。先の引用には次の文章が続く。

> 秀才蔵人之濫觴、起自江家、始自延喜。延喜則曾祖父伊予権守千古朝臣為侍読之間、男秀才維時為蔵人。天暦即祖父中納言維時卿為侍読之間、男秀才斉光為蔵人。円融御宇、叔父左大弁斉光為侍読之間、男秀才定基為蔵人。今当時匡衡為侍読之間、男挙周為秀才。四代相伝、家風不衰。天之福江家、不亦悦乎。

過去の作の流用

この引用には返り点もつけていないのは、その必要がないからである。匡衡が何を述べようとしているかを読み取る必要はここではない。この文章は長保四年十一月の藤原挙直宛の書状と同文である（北山円正「大江匡衡「除夜作」とその周辺」）。一二〇ページの引用と見比べていただきたい。わずかに傍線を付した文字が換えられているだけである。これを見ると、現今のワープロによる文章作成を想起してしまう。FDに保存していた文章を画面に呼び出して、使える部分を切り取り、何個所か語を入れ変えて、別の文章に張りつける。匡衡はここではこんな安直なやり方で文章を作っているのである。熱田の神はこれに怒らなかっただろうか。

表題と内容の齟齬

このことが関わっていると思われるが、この文章の表題が、趣旨と齟齬をきたしている（前掲北山論文）。先に引いたが、表題には「侍中の所望」とあり、蔵人への任官を望むというのである。しかし本文では式部丞を希望している。

爰《ここ》に挙周、明春、式部丞に任ずべき運を受く。父子同官の忌有るに依りて、明春、帯ぶる所の式部権大輔を辞すべし。

自分が帯びている官を辞職する代わりに挙周を式部丞に就けたいという。

文体名と文体の齟齬

最後にこれも指摘されているが、文体名と文体の齟齬である。これまで、「この文章」と呼んできたのもそのためであった。『朝野群載』では、この文章は「祭文」に分類されているが、表題にも明らかなように、これは息子のための求職活動で、このようなものは一般には祭文とはいわない。また、「――状」となっているが、本来の祭文は「――祭文」あるいは「祭二――一文」と題されており、その点でもこれは異例である。

家学継承への執着

この文章はむしろ奏状と見るべきである。しかし、また、奏状は神に奉るものではない。こうした異例の文章をあえて作ってまで挙周の任官を願うところに家学の継承にかける匡衡の執着を読み取るべきなのであろう。

二　京へ帰任

寛弘二年尾張守の任期満つ

寛弘二年（一〇〇五）、尾張守の任期が終わった。後任の尾張守には藤原中清《なかきよ》が任ぜられたが、中清は二月二十六日に藤原実資《さねすけ》に対して、二十九日に赴任する旨を告げている（『小右記《しょうゆうき》』）。そのとおりに赴任したとすれば、匡衡が中清との間で任務の引きつぎの手続きをすませて京へ帰ったのは三月の半ば頃であっただろうか。

赤染衛門の心境

赤染衛門は出立直前の心境を詠んでいる。

任果てゝのぼりしが、あはれにて

202　心だにとまらぬ仮の宿なれどいまはと思ふはあはれなりけり

妻の衛門にしても、夫の任国は所詮「心だにとまらぬ仮の宿」に過ぎなかったのである。

尾張守としての匡衡の勤務評定はどのようなものになるのだろうか。五年後のことになるが、寛弘六年正月、匡衡は美濃守を希望する奏状（『本朝文粋』巻六）を提出する。その時に、以前の尾張守としての功績を数え上げている。奏状とはそもそも自分の功労を最大限に宣伝するものであるうえに、これまで見てきたように、匡衡は人一倍功を誇る心が強いが、そのことは差し引いても、匡衡が尾張守としてどのような仕事をしてきたかということを知る貴重な資料である。該当する部分から考えてみよう。

尾張守としての治績

匡衡は治績として具体的に次のことを挙げている。

官符、宣旨《せんじ》に従って国分尼寺、神社、諸定額寺《じょうがくじ》十二か所を修造したが、その際、官物を申請しなかった。伊勢《いせ》豊受《とようけ》宮の造営料（遷宮《せんぐう》のためのもの）の稲五百石、宣耀殿《せんようでん》を造営する（内裏焼亡による再建）料稲十余万束および官符、宣旨、蔵人所召に従って、交易して（官稲によって買い上げて）絹二百余疋を進上したが、税帳などの公文に記録される調庸雑米などを用いなかった。

これは、中央からの命令に従って種々の賦課に応じたこと、しかも、その際、余分の官物を用いなかったことの二点に要約できるが、これを功として匡衡が誇るのは、両者が矛盾する関係にあったからである（村井康彦『平安貴族の世界』）。匡衡はこれをうまく処理して、中央からの要求に応えたわけである。このことも含めて、匡衡は尾張守として評価しうる治政を行ったと考えられる。そうでなければ、四年後の再任はなかったはずである。

帰京しての活動

都へ戻ってからの匡衡は、再び以前と同様の活発な詩文の制作活動を行うようになるが、それが見られるのは年の後半に入ってからである。

学生試の評定

七月十日、御書所衆《ごしょどころのしゅう》一名の欠員を補充するため、弓場殿《ゆばどの》で学生試《がくしょうし》が行われた。一条天皇自らが「秋草露佩《はい》と為る」の題を出し、九名が試に応じ、御前で及第者の判定が行われたが、その評定に匡衡が加わっている（『権記』）。帰京後の匡衡の名前を見る最初である。

公任の辞状の執筆

同じく七月、匡衡は藤原公任のために、帯びている中納言と左衛門督《さえもんのかみ》の職を辞したいとする奏状を執筆したが、これはいわくつきのものであった。その遠因は昨年の十月に遡る。二十一日に一条天皇が北野天満宮に行幸したことは先に述べたが、同時に平野社にも行幸した。さらに遡って十四日にも松尾社への行幸が行われていたが、これらの行幸で行事を勤めたことに対する叙位が行われ、正三位であった藤原斉信《ただのぶ》に従二位が与えられたが、このことが公任をひどく傷つけた。公任は中納言正三位、斉信は権中納言正三位で、公任がわずかに優位にあったのが逆転したからである。公任はこれを不満として、以後、出仕しなくなってしまった。まことに大人気ない話であるが、藤原氏にあっても、本来本流であるべき小野宮《おののみや》家の嫡流と自負していた公任には我慢できなかったのであろう。

斉信に越階される

匡衡執筆に至る経緯

そうしてここに至って、辞状を提出したのであるが、匡衡が書き上げるまでには以下のような舞台裏があった。『袋草紙《ふくろぞうし》』が（『十訓抄《じっきんしょう》』第七も）書きとどめることである。

公任は匡衡を呼んでこういった。辞表を提出しようと思うので、紀斉名《きのただな》、大江以言《ゆきとき》などに依頼したが、気に染まない。貴殿ならば私の気持ちをよく伝える文章を書いてくれるだろう。匡衡はしぶしぶ引き受けて帰ったが、気になって仕方がない。その様子を見た妻の衛門が、どうしたのですかと尋ねるので、匡衡は事情を話した。

公任の自尊心

衛門はしばらく考えていった。あの方は自尊心の強い人です。先祖は高貴であるのに自分は不遇であるというようなことを先の二人は書いていないのではありませんか。そのことを書くべきです。匡衡もなるほどと納得して「五代の太政大臣の嫡男なり。己《おの》が祖忠仁公」ということから書き出し、自分は沈淪《ちんりん》していることを書いて公任に見せたところ、彼はすっかり気に入った。

問題の辞状は「四条大納言の為の中納言左衛門督を罷めんと請ふ状」（『本朝文粋』巻五）である。『袋草紙』の記述は事実とは大分違っていて、先の所は匡衡はこう書いている。

臣、幸ひに累代上台の家より出て、謬《あやま》りて過分顕赫《けんかく》の任に至る。才拙くして零落し、槐葉前蹤《かいようぜんしょう》を期し難し。病重くして栖遅し、柳枝左臂《さひ》に生ずべし。（私は幸いに代々の大臣の家に生まれましたが、間違って過分な高位に至りました。しかし才能は拙く零落し、先例を追って大臣の地位に昇ることは難しいことであります。また重い病気のために退休していて、健康な体ではありません）

公任の無理が通る

公任はこの辞状を提出したが、返却された。つまり辞職は認められなかった。そればかりか、従二位に叙せられた。道長はこのことについての天皇の次のような「仰詞」を記録している。

去年十月以後、参内せず。定めて思ふ所有らんか。仍《よっ》て一階を賜ふ。早く参りて事に随ふべし。（七月二十一日条）

衛門は頼れる妻

公任の我がままがまかり通ったのである。匡衡についていえば、彼は頼れる妻を持っていたというべきであろうか。

八月には匡衡は病気に罹って、療養のため一時的に近江に滞在していたらしい。「八月十五夜、江州の野亭に月に対《む》かひて志を言ふ」の詩序（巻上）にそのことを述べている。

近江に病を養う

去年の八月十五夜は、吏務を営みて以て尾州に在り。今年の八月十五夜は、湯薬を事として以て江州に在り。漢宮の月を見ず、梁園の月を見ず。……、是に於いて性慵《ものう》くして病侵し、官冷《すさま》じくして齢仄《かたむ》けり。姓は江翁、江楼を望むにまた便有り、員外の郎は、外土に遊ぶもまた妨げなし。賚持《らいじ》するは祖父の養生方《ようじようほう》三巻、坐臥に巻き舒《の》ぶ。相随ふは愚息起居郎一人、晨昏《しんこん》に左右《たす》く。宿霧に纏《まと》はれて独り居れば、遙かに青雲の路を隔つ。明月に向かひて閑《しず》かに詠ずれば、自づから白雪の歌為り。

冒頭の去年と今年との対比から寛弘二年のことと推定される（真鍋熙子「赤染衛門の周辺」）。

維時の『養生方』

維時に『養生方』という著作があったことはこの文章にのみ記述されていることである。「起居郎」は内記の唐名で、挙周をいう。病気で気弱になっての故か、不遇をいうものの、匡衡特有のあくの強さがやや影をひそめている。

都に戻り詩宴に

この病もさほどのものではなかったようで、九月に入ると、京に戻り、立て続けに詩宴に参加している。九月三日、内裏の道長の宿所に殿上人たちが会して詩宴を行った。題は「菊叢花未だ開かず」。『江吏部集』（巻下）に匡衡の詩が収められているが、結びの聯にはこう詠む。

百草恩に霑《うるお》ひて心窃《ひそ》かに恃《たの》む
蕭疎《しようそ》たる両鬢に霜蓬《そうほう》有り

「霜蓬」は霜枯れのよもぎに白髪を重ねる。老いを自覚するなかで、道長の恩顧を期待するという。

重陽の詩宴

九月九日、重陽である。清涼殿で詩宴が行われ（題「菊は是れ花の聖賢」）、匡衡は序者を勤めた。この日の行事について『小右記』が詳しいが、作文を行った人びとについて、こう記している。

今日、属文の卿相宿衣を着て候すべしてへり。作文有りと云々。左府（道長）、帥《そち》（伊周《これちか》）、左金吾《さきんご》（公任）、源納言（俊賢《としかた》）、新中納言（忠輔）、勘解由《かげゆ》長官（有国《ありくに》）、左大弁（行成）祗候すべしてへり。

「属文の卿相」たち

ここに用いられている「属文の卿相」（同様の「属文王卿」「属文公卿」）の語は『小右記』『御堂関白記』『権記』など、この時代の公卿の日記に散見するもので、「属文」とは漢詩文を作ること、したがって「属文の卿相」とはこれに堪能な公卿の意であるが、この語が散見されるということは、この時代、そうした人びとが多く現れたことを物語る。ここにはその具体的な名前も挙げられていて、当代の「属文の卿相」の顔ぶれを知ることができる。

東三条院の庚申詩宴

十五日は庚申に当たっていたので、道長は東三条院に詩宴を行った。匡衡も参加し、「暮秋、左相府の東三条第に庚申を守り同じく『池水明月を浮かぶ』を賦す詩」（巻上）

を詠んでいる。

浄妙寺の扁額（『集古十種』所収）。伝藤原行成筆。

浄妙寺三昧堂落成

昨年から道長によって造営の行われていた浄妙寺三昧堂が落成し、十月十九日、供養が行われた。これに関して匡衡は鐘銘および序（『政事《せいじ》要略《ようりゃく》』巻二十九）、それに願文（『本朝文粋』巻十三）を制作しているが、その記述が『御堂関白記』などと並んで、浄妙寺建立の経緯を記した根本資料となっている。

浄妙寺

浄妙寺は木幡《こわた》寺とも呼ばれ、木幡の地（宇治市木幡）に建てられたが、この地は祖先の基経《もとつね》が占って一門の墓地とした所であった（「鐘銘序」）。道長は若い頃から父兼家《かねいえ》につれられてしばしば詣でていたが、荒廃した様子を見て寺の建立を決意していたという（「願文」）。寛弘元年二月十九日、道長は自ら木幡に赴き、造堂の地を検分し定めているが、ここから実際の作業が始まる。その後も道長は折にふれて足を運んでおり、その意気込みが見て取れる。一年半余の歳月をかけて、この年十月、造作が完了する。供養に先立って鐘が鋳造されるが、その銘は匡衡の撰文を行成が書いたものであった。

公卿のほとんどが参会

十九日の供養は天皇の命で御斎会《ごさいえ》に準じて行われ、公卿のほとんどが参列した。道長はわざわざ不参の人として藤原時光と菅原輔正の名を記している。また天皇、冷泉院《れいぜいいん》、花山院《かざんいん》、皇太后宮（遵子《じゅんし》）、中宮（彰子《しょうし》）、一品宮（資子内親王）ら摂関家と血縁関係にある尊貴の人びとが諷誦（布施）を行った（『御堂関白記』）。行事の核心として法華三昧が行われ、

道長の祈願

道長が仏前の香に火をつけるために打火を行ったが、彼は仏に向かってこう述べている。

此の願は現世の栄耀、寿命福禄の為に非ず、只此の山に座《いま》す先考（亡父）、先妣（亡母）及び昭宣公を始め奉る諸亡霊の無上の菩提の為なり。今より後、来々の一門の人々、極楽に引導せんが為なり。

この木幡の地に葬られている基経を始めとする祖先の霊の菩提を弔い、将来の一門の人々の平安を祈願するものという。すなわち浄妙寺は道長一個人のためのものなどではなく、藤原摂関家という家門の寺たることを意図して建立されたものであった。後のことであるが、万寿四年（一〇二七）、道長が没して、その亡骸は浄妙寺に葬られることになる。

匡衡の願文

匡衡は鐘銘と願文の制作によって、道長が行った修善の一翼を担っているが、ことに「左大臣の為の浄妙寺を供養する願文」は道長の善業にかける熱意を十分に伝える力作である。

道長は青年の頃から父に従ってしばしば木幡に詣でていたが、ただ墓所があるだけで、

仏儀も行われず、法音も聞こえないことを残念に思い、しかるべき地位に昇ったならば、堂宇を造り、三昧をなそうと心の内に決意したということから筆を起こし、今、その立場に至ったこと、鎌足以来の祖先たちが行ってきた仏法興隆の来歴、具体的には興福寺を始めとする寺の建立、法会の創始等を叙述したのちに、浄妙寺造立の次第を具体的に記述する。

文辞による法会の荘厳

ついで今日の法会の盛儀を詳細に描写し、この善業が及ぼす功徳の弘大無辺であることを述べて終わる。分量から言っても長篇で、まさに文辞を以て法会の場を荘厳する願文の典型である。道長を十分に満足させるものであったに違いない。

敦康親王読書初め

一条天皇の第一皇子敦康《あつやす》親王が七歳となり、十一月十三日、読書初めが行われ、匡衡が侍読を勤めた。敦康の母は道隆《みちたか》の娘、定子《ていし》である。定子は一条の寵愛を受け、敦康、媄子《びし》と相ついで皇子女を産むが、長保二年（一〇〇〇）媄子を出産したのちに亡くなり、親王は、母とは天皇の愛情を競い合う立場にあった彰子（道長女）に引き取られて養育されていた。

陪聴の詩人

読書初めは飛香舎《ひぎょうしゃ》（藤壺）で行われたが、これは彰子の局であった。天皇も非公式に出かけている（『小右記』十四日条）。召された文人や「属文の公卿」、侍臣らが「冬日、飛香舎に侍りて第一皇子の初めて御注孝経を読むを聴く」の題で詩を賦したが、『本朝麗藻』巻下に、この時の大江以言の詩序を冠した以言・道長・伊周・公任・源俊賢・菅原輔正・匡衡・菅原宣義《のぶよし》の詩がまとまって採録されている。匡衡は次のような詩（巻中）を賦している。

匡衡の詩

呂望授け来りて文武学べり
桓栄独り遇ふ漢明の時
幸ひに伝ふ延喜明時の例
天子儲皇皇子の師

延喜の聖代、祖父、天子の師と為り、東宮学士と為り、兼ねてまた第十一〔四〕皇子に授く。其の皇子は即ち天暦の聖主なり。これを漢家本朝に訪ぬるに、未だ此の比有らず。今日感有り。故に此の句を献ず。

江家の栄誉

前聯は中国の故事をいう。周の文王・武王《ぶおう》の師となった太公望《たいこうぼう》呂尚、また後漢の明帝の侍講となった桓栄を例にあげる。対して後聯は我が国の先例であるが、注を付してそれを具体的に説明するが、それは延喜の聖代、醍醐朝に祖父維時が天皇、東宮、皇子いずれもの師となったという輝かしい栄誉である。こうした例は中国にもないという。

この匡衡の詩はほかの詩に比べて際立った特徴を持っている。読書初めのテキストとして選ばれたのは他の多くの場合と同じく『御注孝経』であった。したがって、ほかの詩は、『孝経』あるいは親王の孝心、また場に即して親王の早熟の才、これらのことを

読書初めの詠詩のルール

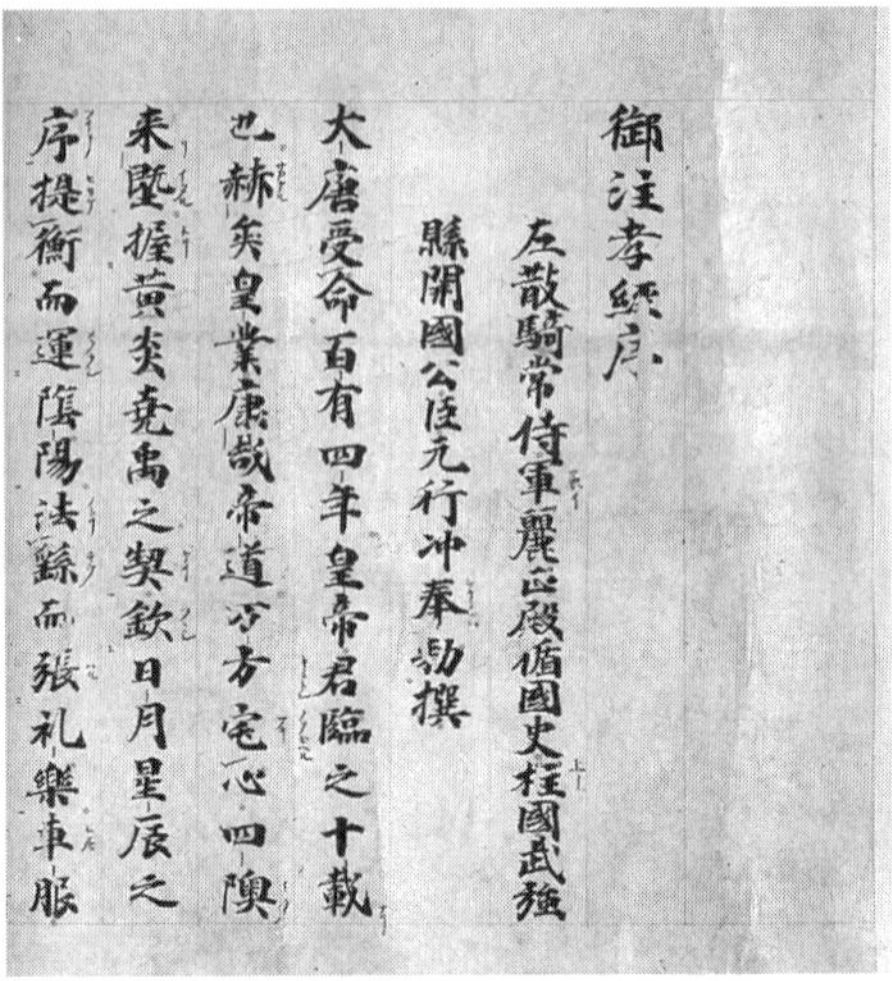
御注孝經序
左散騎常侍兼麗正殿脩國史上柱國武強
縣開國公臣元行沖奉勅撰
大唐受命百有四年皇帝君臨之十載
也赫矣皇業康哉帝道乃方宅心四隩
來塈握黄炎堯禹之契欽日月星辰之
序提衡而運陰陽法縣而張礼樂車服

『御注孝経』巻首

三条西実隆筆．御物．

濃淡はありつつもいずれも詠み込んでいる。おそらくそれが親王の読書初めにおける詠詩のルールであり、マナーであったはずである。たとえば菅原輔正はこう詠む。

　頽齢八十有余の霜
　未だ神聡なること我が王《きみ》の似《ごと》きものを見ず
　遺老の愚言　君記取したまへ
　一経造次にも忘るべからず

このとき、輔正は八十二歳という高齢であった。そのような老人である私も、我が君のような聡明な皇子はかつて見たことがない。「一経」はここでは『孝経』。「どうか、この老人の言葉を胸におとどめいただきたい。『孝経』の教えをいつもお忘れにならぬよう」。

匡衡詩の特徴

しかし匡衡はこれらのことは一切詠まない。中国の故事をも凌ぐ江家の侍読としての功績の顕揚に終始しているのである。これもまた匡衡の心のあり様を物語る一事である。

寛弘三年

寛弘三年（一〇〇六）である。匡衡は尾張守の秩満を待ちもうけていた寛弘元年の末、明春、自分の式部権大輔辞職と引き換えに挙周の式部丞任官を熱田宮に祈請したことがあったが、それは一年置いてこの年正月七日の叙位でそのとおりに実現した（『歌仙伝』）。

東三条院の花宴

三月四日、道長の東三条院において、天皇が主宰する花宴が行われた。こうした変則的な形になったのは、この日まで東三条院が内裏として用いられてきたからである。昨二年十一月、内裏が焼失し、天皇は東三条院に幸していた。この日、花宴が終わった直後に天皇は一条院に移ることになる。

『本朝麗藻』の詩群

権中納言の藤原忠輔が献じた「水を度《わた》りて落花舞ふ」の題で作文が行われ、匡衡は序者と講師とを命じられた。『本朝麗藻』（巻上）にその詩序を付して、道長・伊周・公任・斉信・源明理・紀為基・源孝道・橘為義・藤原為時・藤原広業の十人の詩がまとめて収載されている。

再度の臨幸

この日の詩宴は参加者の多くに昔のことを思い起こさせた。匡衡は詩序に「本是れ大相国の甲第。伝へて左丞相の花亭と為す。聖上旧里を忘れたまはず、再び天臨を備ふ」と述べ、他の人びとも「再び沛中臨幸の情有り」（道長）、「二十年前重ねて宴に侍す」（源孝道）、「宸遊再び奏す九韶の声」（為時）、「鸞輿再び幸して歓情有り」（広業）などと詠んでいるが、それは永延元年（九八七）十月十四日、即位して二年目の一条天皇が、その時は摂政兼家が主人であった東三条第に行幸したことである。匡衡にとっては、それは初めて体験する天皇臨席の、すなわち応製詩制作の場であった。今改めて感慨を以て思い起こされたであろう。

これとは別に、この日の詩宴は匡衡にとってきわめて意義あるものとなった。道長も花宴の記録の中に記している。

序宜しく作り出す。仍て序者の男挙周、蔵人に補せられ了《おわ》んぬ（『御堂関白記』）。

挙周蔵人に抜擢される

匡衡の詩序執筆の功を賞して、挙周が蔵人に取り立てられたのである。匡衡はその喜びを一首の詩（巻中）に托すことになる。

寛弘三年三月四日、聖上、左相府の東三条第に花宴を行はる。余、序者と為り、兼ねて詩を講ず。詩を講ずる間、左丞相勅語を伝へて曰はく、「式部丞挙周を以て蔵人に補す」てへり。風月以来、未だ嘗《か》つて此の例を聞かず。時人之《これ》を栄とす。感躍に堪へず、懐《おも》ひを書きて相府の書閣の壁上に題す。

今年両度心緒を慰む

愚息恩に遇ふことの至れるかな
正月の除書に李部と為り
暮春の花宴に蓬萊に上る
誠に漢主の風教を明らかにすといへども
多くは是れ周公の露才を重んずるなり
桓郁《かんいく》の侍中栄は見ず
江家の眉目時有りて開く

式部丞と蔵人と

第三句の「李部」は式部の、第四句の「蓬萊」は内裏の唐名である。正月には式部丞に、ついでこの花宴では蔵人になったことをいう。第七句の「桓郁」は後漢の桓栄の子で、永平年中、侍中となったが、父はそれを目にすることはなかった。

文章の力

手ばなしの喜びようである。文章の力が、子の昇進を招き寄せる。匡衡にとっては、まさに好文の代の理想的な姿であったに違いない。匡衡は「述懐詩」にも自讃すべき文事の一つとして「暮春花宴の序、愚息貂蝉《ちょうせん》を珥《さしはさ》む」（「貂蝉」は高官の冠の飾り）と数えあげているが、歌にも詠んでいる（『匡衡集』）。

歌にも詠む

子を蔵人になして侍り。南殿の桜を人びと詠みしに、このうへの

うれしきことより外にのみなむ、この比《ころ》さらにおぼえはべらずとて

73　花折らむ心もそらになりにけり子を思ふ道に思ひみだれて

道長の恩顧

なお、詩の第三聯は、「漢主」は天皇に、「周公」は道長になぞらえるが、この度の挙周の抜擢は、天皇ではなく、道長の恩顧に拠るものだと、かなりはっきりと言っている。この詩がもし天皇の目に触れたらば、機嫌を損ねることになりはしないかと思われるほどの率直さである。

『貞観政要』の進講

匡衡は以前から天皇に『貞観政要《じょうがんせいよう》』の進講を行っていたが、それが三月に完了した。江戸時代の儒学者松崎慊堂《こうどう》（一七七一～一八四四）旧蔵の『貞観政要』附冊（慶應義塾大学斯道《しどう》文庫蔵）に「古本校合凡例」があり、大江家本の奥書が移録されているが、次のようにある（池田温「『貞観政要』の日本流伝とその影響」）。

本云、以累代秘説本、奉授聖上了。尤可秘蔵也。

寛弘三年三月五日　吏部大卿江判

江家の伝本

大江家に大切に伝えられてきた『貞観政要』のテキストがあり、匡衡はこれを用いて天皇に進講し、それが三月五日に終了したことが記されている。『貞観政要』は帝王学の

帝王学の教科書

教科書であり、天皇が学ぶにまことにふさわしい書物である。長保三年、匡衡は藤原行

寛弘四年

上東門院の曲水宴

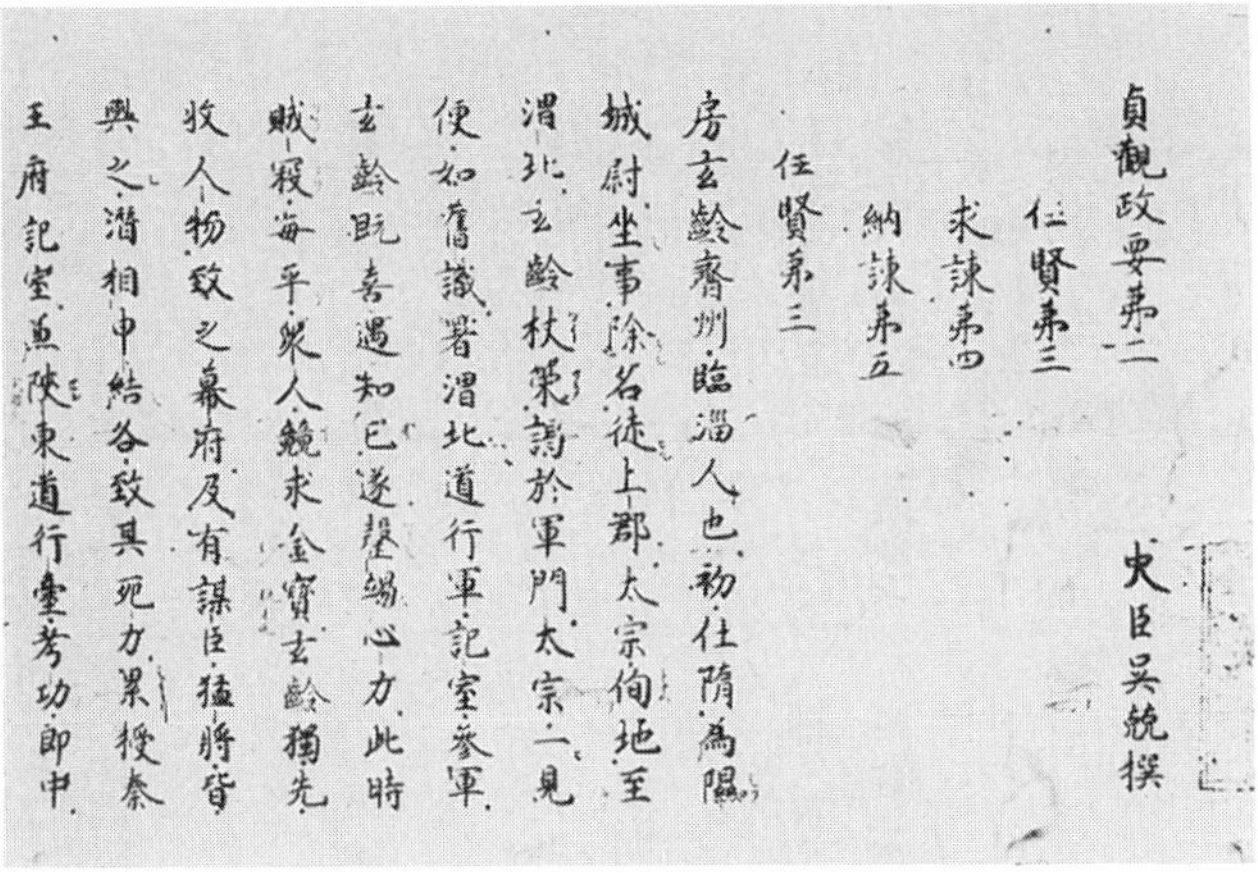
貞観政要第二　史臣呉兢撰
任賢第三
求諫第四
納諫第五
任賢第三
房玄齡齊州臨淄人也。初仕隋為隰
城尉坐事除名徒上郡。太宗徇地至
渭北。玄齡杖策謁於軍門。太宗一見
便如舊識。署渭北道行軍記室參軍。
玄齡既喜遇知己遂罄竭心力。此時
賊寇每平。衆人競求金寶。玄齡獨先
收人物致之幕府。及有謀臣猛將皆
與之潛相申結各致其死力。累授秦
王府記室兼陝東道行臺考功郎中。

『貞観政要』金沢文庫本（五島美術館所蔵）

成からこの書を借覧したことがあったが、大江家本と行成所持本とを校合するためであったのだろう。

寛弘四年（一〇〇七）に入っても縦横の活躍に変わりはない。やはり目立つのは文事を通しての道長との結びつきである。

三月三日、道長は上東門第において曲水宴を催した。詩題は式部大輔の藤原輔正が選んだ「流れに因りて酒を汎《うか》ぶ」が用いられたが、これは『晋書』の「束晳《そくせき》伝」を出典とする句である。序は匡衡が執筆し、大江以言が講師となった。このほかに道長が参加者として記録するのは、藤原斉信・公任、源俊賢、藤原忠輔・有国・行成、源則《のり》忠《ただ》ら、「殿上地下《じげ》の文人二十二人」という多人数であった。ただし作品が残るのは匡衡のもの（巻上）だけである。

一条朝最大の詩宴

四月二十五日、二十六日の二日に亙って内裏で大がかりな詩宴が行われた。『日本紀略』には、

一条院皇居に詩宴を命ぜらる。題に云ふ「貴ぶ所は是れ賢才」。公卿以下の属文の輩、多く詩を献ず。

参加の公卿

と記すが、道長が詳細に記録している。

召人、酉《とり》時に*中務親王（具平）、*前大宰帥親王（敦道）、*余（道長）、右大臣（顕光《あきみつ》）、内大臣（公季《きんすえ》）、東宮傅（道綱）、*右衛門督（斉信）、*左衛門督（公任）、権中納言（隆家《たかいえ》）、尹中納言（時光）、*中宮権大夫（俊賢）、*新中納言（忠輔）、*勘解由長官（有国）、*左大弁（行成）、左兵衛督（懐平《かねひら》）、*式部大輔（輔正）、宰相中将（経房《つねふさ》）、春宮権大夫（頼通《よりみち》）、三位中将（兼隆）、*源三位（則忠）、*右兵衛（憲定）座に著く（二十五日条）。

文人

親王と公卿層である。二十六日条には「文人《もんにん》」の名が列挙されている。

文人の（源）為憲、（源）孝道、（滋野）善言、（藤原）弘道、（大江）以言、（藤原）業〔挙〕直、（藤原）輔尹、（藤原）為時、（藤原）敦信、（大江）通直、（菅原）宣義、（高階）積善、（大江）時棟、（菅原）忠真〔貞〕、（源）頼国、（藤原）義忠《のりただ》、（藤原）章信等、座を立ちて退

出す。
公卿二十三人中で参加していないのは、藤原実資（権大納言）、同懐忠（大納言）ら五人だけである。ただし、道長は公卿のうち、詩を提出しなかった者の名も記録している。それを除いたのが、先の人名に＊を付した人びとで、これが「属文の輩」である。

天皇の詩

道長は何も触れていないが、一条天皇自身も詩を詠んでいる。一聯だけであるが、『十訓抄』（第三）に引用されている。

匡衡の詩

匡衡であるが、これもどうしてか「文人」の中に漏れているが、彼はこの詩宴では講師を勤めている。その詩は次のようなものであった（巻中）。

我が君孟夏賢人を賞す
学を重んじ才を貴ぶは是れ此の辰《とき》
……
また似たり漢皇の連句の宴
竹園槐府《かいふ》群臣を率ゆ

「漢皇の連句の宴」とは漢の武帝が元封三年に柏梁台で群臣に七言の聯句を作らせたことで、今日の詩宴をこれになぞらえるが、中心となるのは具平親王と道長（「竹園・槐府」）という。

文運隆盛の盛儀

この詩宴は、天皇が主宰し、二人の親王以下、当時の「属文の輩」をほとんど網羅したもので、文運隆盛の一条朝を象徴する盛儀であった。

九月九日、重陽節である。一条院内裏で「菊花宮殿に映ず」の題で作文が行われ、匡衡は序者となった。

このあと、道長は相次いで二度の詩宴を邸宅で行っている。十七日（詩題「秋雁は数行の書」）、二十三日（「林亭即事」）であるが、匡衡はともに参加している。これら九月中の詠作は、いずれも『江吏部集』に採録されている。

東宮学士を辞す

九月二十日、匡衡は長徳三年（九九七）以来の東宮学士の職を辞した（『歌仙伝』）。

浄妙寺多宝塔供養匡衡の願文

一昨年、寛弘二年十一月に、木幡に建立された浄妙寺の三昧堂供養が盛大に行われたことを見たが、なぜか、寺のシンボルとなる塔の造立は二年以上遅れて、この年十二月、ようやく完成した。新造の多宝塔の供養が行われたが、供養願文は、先の時と同じく、匡衡が執筆に当たっている。その「浄妙寺の塔を供養する願文」は先の「浄妙寺を供養する願文」と併せて『本朝文粋』巻十三に収載される。分量的には前作に及ばないものの、冒頭に、この寺には鐘楼、房舎、浴室、また仏像、経典、僧侶等は備わり、道場としての体裁を備えてきたが、塔のみが欠けているということを述べ、経典に説く造塔の意義、完成なった宝塔の偉容、今日の供養の大会《だいえ》の盛況、道長にとっての塔建立の意図、目的、そしてこの修善によってもたらされる功徳などに筆を費やしている。これもまた力作といってよい。

寛弘五年

式部権大輔に復す

寛弘五年（一〇〇八）、正月の除目において、匡衡は再び式部権大輔に任ぜられた（『歌仙伝』）。二年前に子の挙周を式部丞に就けるために式部権大輔を辞職したが、もとに復したわけである。このことを匡衡は次のように詩に詠じている（巻中）。

再び吏部員外侍郎に除せられ、旧を懐ひて感有り
忝《かたじけ》なくも伝ふ祖父が孫に貽《のこ》せし跡
子の為に官を辞すも本官に任ず
天暦の余風今此に在り
少年咲《わら》ふ莫《な》かれ雪窓寒しと
祖父納言、天暦の侍読為りし時、帯ぶる所の式部大輔を辞し、男蔵人斉光を以て式部丞に任ず。斉光栄爵に叙せられし後、納言式部大輔に還任す。江家再び此の例有り。故に云ふ。

例によって長い自注を付すが、今回の場合とほとんど同じことが、かつて維時と斉光との間であり、これはその再現として喜ぶのであるが、詩としてははなはだ即物的な内容

となっている。

道長邸の詩宴

五月一日、道長は自邸に庚申の作文会を催した。

庚申を守りて作文有り。「夏夜池台即事」（『御堂関白記』）。

匡衡の「夏夜同じく池台即事を賦す。教に応ず」（巻上）はこの時の作であるが、藤原伊周も参加して詩を詠じていて（『本朝麗藻』巻上）、匡衡の詩よりも趣きがある。前半だけであるが、伊周の詩を詠んでみよう。

藤原伊周の詩

囲碁《いご》掩韻《えんいん》して鶏明に及ぶ
老いに向かひて慇懃《いんぎん》なり朋友の情
口に詠ず新調千首の集
時に座上に銀牓集を披《ひら》き閲《み》る。故に此の興有り。
心は帰す不断一乗の声
相府の不断経、年月漸く久し。故に云ふ。

庚申の遊び

ここでは囲碁、韻ふたぎ（詩の韻字を隠してそれを当てる遊び）、それに朗詠を言っているが、いろいろな遊びをしながら夜を明かす庚申の夜の、ゆっくりとした時間の流れが感じ取れる作である。なお自注に見える「銀牓集」は菅原是善《これよし》の「銀牓翰律」との関連が言われているが（和田英松『本朝書籍目録考證』）、未詳。ただし「銀牓」は東宮の唐名であるから、東宮学士と関わるものであるかもしれない。

敦成親王誕生

九月十一日、中宮の彰子は男子を出産した。天皇にとっては第二皇子であったが、彰子には、すなわち道長にとっては初めての皇子であった。第一皇子として定子（道隆娘）所生の敦康親王があったから、道長にとって政治権力の維持のためにはなくてはならぬ男皇子であり、待望の誕生であった。道長の喜び思うべきである。「たまたま仏神の冥助に依りて平安に遂ぐ。御喜悦の心、喩《たと》ふべき方なし。気色敢へて云ふべからず」と語ったという（『御産部類記』所引『小右記』）。

匡衡の命名

この彰子の皇子出産前後の土御門邸の様子を記述することを主題の一つとしているのが『紫式部日記』である。十月十六日、天皇は新生の皇子と対面するため、土御門邸に行幸し、親王宣下がなされた。それに先立って皇子に敦成《あつひら》という名が付けられたが、その名を勘申したのは匡衡であった。これもまた江家の伝統に新たな栄光を付け加えるものとなったが、そのことは翌年の第三皇子の誕生と命名の折に匡衡が詠んだ詩に見ることにしよう。

御湯殿の博士

この敦成親王誕生に関して、匡衡にとって喜ばしいことがもう一つあった。挙周《たかちか》が果

敦成親王を抱く彰子

『紫式部日記絵詞』（東京国立博物館所蔵）による.

たした役割である。皇子誕生に際しては、産湯をつかわせる御湯殿の儀が行われるが、その一環として博士が中国の古典の一節を読む読書がある。紀伝《きでん》道から二人、明経《みょうぎょう》道から一人、合わせて三人の学者が七夜《しちや》までの七日間、朝夕二回読むが、この時、挙周がその読書博士の一人に選ばれている。『紫式部日記』にも、十一日の夜のこととして、

挙周は史記文帝の巻をぞ読むなりし。七日のほどかはるがはる。

と記している。この時、挙周は散位従五位下である。

十月十七日には若宮の家司《けいし》が定めら

れたが、挙周はその一人となっている。この時、彼は筑後権守である（『御堂関白記』）。御湯殿博士を勤めたことが早速に官職の獲得に結びついたということであろうが、この皇子がやがて皇太子に立ち、ついで天皇になるようなことになればと、挙周は、そして匡衡も将来の展望を思い描いたに違いない。

三　再び尾張へ

寛弘六年再び尾張守に

寛弘六年（一〇〇九）はなかなかに多忙な年となった。まず、正月の除目《じもく》で再び尾張守に任ぜられた。ただし実際の赴任はずっと遅れて十月となった。これは匡衡自身が記すことである。翌七年六月の「本任の放還を待たずして任符を給ひて任国に赴かむことを請ふ状」（『類聚符宣抄』巻八）に、「匡衡、去る寛弘六年正月、尾張守に任ぜられ、十月二十八日に着任す」とある。

美濃守を望む

除目が行われたのは二十八日であるが、匡衡はそれに先立って奏状（『本朝文粋』巻六）を提出している。そこで、彼は以前の尾張守としての治績と侍読の労の二つを挙げて、美濃守への補任を申請している。正月十五日の日付である。なお、匡衡の位官が「正四位下式部権大輔兼文章博士」となっているが、すぐあとに述べるように、文章博士となるのは三月のことである。「寛弘六年正月十五日」の日付が誤りかとも思うが、本文に「侍読の労十二年」とあり、侍読となった長徳四年（九九八）から十二年目はこの年である。また尾張守に任ぜられたすぐ後に、こうした奏状を出すはずはない。結局「文章博士」が誤って加えられたと考えるよりほかはない。

美濃守補任を望んだことは衛門の歌にも見えている。

正月に長谷寺にまうでしみちにて、子の日なり。しる人、

松引きなどして美濃をのぞみしかば

236　思ふ事みなみちすがら子の日して美濃のおやまの松を引きみん

長谷寺《ながたに》は大和ではなく、のちに公任が隠棲することになる京の岩倉のそれである。子の日はこの年は八日であった。「しる人」は夫匡衡である。

尾張守罷免される

匡衡の希望はかなえられず、任ぜられたのは再び尾張守であったが、しかしこのことは、以前の尾張守としての行政能力には合格点が与えられたことを意味する。先に述べたように、匡衡の後任の尾張守は藤原中清であったが、彼は五年二月、治下の郡司、百姓から罷免を要求されている（『御堂関白記』二十七日条）。具体的には分からないが、中清

は治国に失敗したのである。そこで前任者で、能力は証明済みの匡衡の再登場となったわけである。

再び文章博士に

三月、匡衡は文章博士に任ぜられたが（『二中歴《にちゅうれき》』第二）、これも再度の任官であった。このことに関して二首の詩を作っている。

人々の祝賀

一つは「早夏、諸客、予が再び翰林を兼ぬるを賀す。情感に堪へず。聊か一絶を賦す」（巻中）で、小序がある。

予、今年正月、尾州刺史を拝し、三月、翰林主人を兼ぬ。蓋《けだ》し聖上の文を好み、賢相の士を重んずることの致す所なり。是《ここ》に賀州源刺史、青宮菅学士、華軒を枉《ま》げて門生四五輩と来たる。恩の深きを賀するなり。聊《いささ》か盃酌を以て、厚意に答謝す。昔、山陰曲水の会、右軍《ゆうぐん》（王羲之）自ら序を作り自ら書す。今、洛陽翰林の亭、主人また自ら事を記し自ら詠ず。其の詞に曰はく、

久しく蘭省に陪る東方朔《とうほうさく》
再び翰林に入る白楽天
恥ぢず鮮を烹《に》て少吏と為るを
只《ただ》歓ぶ酔を勧め前賢に継がんことを

正月に尾張守となり、三月に文章博士に任ぜられた。四月になって、そのことを祝うために伊賀守の源為憲と東宮学士の菅原宣義が門生を引きつれてかけつけてくれた。その祝宴の席での作である。なお、為憲は四月五日に伊賀守となっているので（『権記』）、その後のことと となる。詩の「蘭省」は太政官の唐名。第三句の「烹鮮」は尾張守となったことをいう。侍読として天皇に仕えることを漢の武帝の側近に侍した東方朔に、翰林学士となったことを白居易になぞらえる。

門生と語る

また「翰林を兼ねし後、門生と談話す」（巻中）には次のように詠む。

再び忝なくす文章博士の名
聊か旧事を談じて諸生を悟す
菅馮翊《かんひょうよく》は已に三品為り
橘相公は寧《なん》ぞ九卿に非ざらんや

公卿に至る過程

門生に対する詩ははっきりとしたメッセージをもっている。「菅馮翊」は左京大夫の菅原清公、「橘相公」は参議の橘広相《ひろみ》で、文章博士を経た後に「三品」「九卿」、すなわち公卿になった先人である。つまり再度文章博士に任ぜられた自分は、当然のこととして、やがては公卿に昇ることになるのだといいたいのである。

実際に赴任する十月までの間、いくつもの詩宴に参加したり、文章を制作したりで、あわただしく過ごしている（後掲の年表参照）。

妻の衛門同行

今回の尾張赴任に際しても妻の衛門は同行し、道中詠を残している。衛門にとって、それはまた匡衡にとっても同様のものであっただろうが、再度の尾張への旅がどのようなものであったかを語っている。

再度の尾張への思い

尾張になりて、めづらしげなう、もの憂き心ちして、
十月に下りしに、関山のもみぢの袖に散りかかりし

238 あぢきなくたもとにかかる紅葉かな錦を着てもゆかじと思ふに

前回も詠んでいた逢坂《おうさか》の関での作である。衛門にとって、二度目の尾張行きは、期待させるものは何もなかったばかりでなく、むしろ憂鬱でさえあった。京から東国へ向かう出口の逢坂の関を越えたのは初冬十月、ちょうど紅葉の散る頃であった。その散りかかる紅葉を錦に見立てて詠む。

朱買臣の故事

「錦を着る」は有名な〈錦を衣て故郷に帰る（故郷に錦を飾る）〉で、これは漢の朱買臣が会稽《かいけい》（今の浙江省紹興）の太守に任ぜられた時の故事であるので、ここでは尾州太守に置き換えた。今度の尾張行きはとても故郷に錦を飾るというような心弾む思いにはなれないので、紅葉が降りかかっても無駄なことだという。なお、

尾張への旅

朱買臣の故事は、匡衡も、長徳三年、越前守となって赴任する藤原為時への餞別の詩以下、国守として任国へ赴くことをいうものとして、よく用いている。

その後も前回と同じように、大津から船で琵琶湖を対岸へ渡っているが、今回は大津まで「むすめ」が見送りに来ている（二三九番歌詞書）。その後の道中の歌は二首しかない。長保三年の初回時と比べて少ないが、これはそのまま尾張への旅の感動の少なさを示すものであろう。

衛門との唱和

前に述べたが、尾張へ到着したのは十月二十八日であった。それから間もなくのことであろうか、匡衡は次のような歌を詠んでいる。

尾張に再びなりて下りはべりしに、初雪降りはべりしに

74　初雪とおもほえぬかなこのたびはなほふるごとを思ひいでつつ

「初雪」に「初行き」をかけ、「たび」に「旅」と「度」、「ふる」に「降る」と「古」をかける。衛門はこれに応えている。『赤染衛門集』にはその和歌を共に採録する。

かへし

244　めづらしきことはふりずぞ思ほゆるゆきかへり見る所なれども

州廟での詠詩

この歌の唱和と前後して、匡衡は「州廟」において詩を賦している（「冬日、州廟に於い

て詩を賦す」、巻中）。小序がある。

夫れ詩は群徳の祖、万福の宗なり。天地を動かし、鬼神を感ぜしむるは詩より先なるはなし。是を以て、一両の門生を率ゐて、学校院の辺に於いて、聊《いささ》か筆硯を命ず。ああ、侍読は未だ必ずしも遠吏ならず、我再び芦葦卑湿《ろいひしつ》の地に任ぜらる。分憂（国守）は未だ必ずしも翰林（文章博士）ならず、我初めて風月宴遊の筵《むしろ》を展《の》ぶ。昔、西曹の始祖菅京兆、県邑に行きて以て風土記を作り、今、東曹の末儒江侍郎、郷貢を思ひて以て学校院を興す。其の詞に曰はく、

孔子廟

「州廟」は孔子廟である。地方における教育機関として「学令」に規定する国学においても、大学と同じように孔子を祭る釈奠《せきてん》を行うことが定められていたので、その孔子を祭る廟である。受領の国務遂行上の心得を書き上げた「国務条々」（『朝野群載』巻二十二）の、新旧国司の交代手続のなかに「次いで官舎神社、学校、孔子廟堂、……を勘ふ」と見える「孔子廟堂」である。菅原道真《みちざね》も讃岐《さぬき》守として任国にあった時に「州廟釈奠、感有り」の題で詩を賦したことがあった（『菅家文草《かんけぶんそう》』巻三）。

詩の功能

序は初めに詩の功能をいう。「詩は群徳の祖、万福の宗」の表現は先に藤原行成へ送った書状にも用いられていたが（八七ページ参照）、これは『芸文類聚《げいもんるいじゅう》』雑文部所引の「詩

緯含神霧」の「詩者天地之心、群徳之祖、百福之宗、万物之戸也」に拠る。対偶の「天地を動かし」は有名な「毛詩大序」の措辞である。この序の記述で注目されるのは、匡衡が学校院を興したということであるが、その前に、これと対になっている「菅京兆」は道真の祖父の左京大夫菅原清公である。清公は大同《だいどう》元年（八〇六）から弘仁《こうにん》三年（八一二）まで尾張介であったから（『続日本後紀《しょくにほんこうき》』承和九年十月十七日薨伝）、そのことをいう。その時、清公は「風土記《ふどき》」を作ったというが、これは諸国の地誌である。『類聚符宣抄』（巻六）に五畿内七道諸国司に「早速に風土記を勘進すべき事」を求めた延長三年（九二五）十二月の太政官符が収録されており、前述の「国務条々」にも引き継ぐべき「雑公文」のなかに「風俗記文」が挙げられている。したがって「風土記」は広くまた長い時間に亙って作られたものであった。

清公「風土記」を作る

学校院を興す

これに対置して自らの功績として学校院を興したことをいう。「学令」には諸国の学校、国学に関する規定も盛り込まれている。その学生には郡司の子弟で十三歳以上、十六歳以下の聡明な者を選ぶこと、国学生の中の優秀な者は都の大学に進む途も開かれていること（これが郷貢《きょうこう》である）など定められているが、国学に関する実際の資料はきわめて少なく、匡衡の時代においてどれほど機能していたかは疑問である。しかし、「分憂（国守）」であるとともに「翰林（文章博士）」でもある匡衡にとって、任国においても、儒学の教授は本来のあるべき形で行われなければならないと意識されたに違いない。そこで、ほとんど廃絶していた学校の復興に努めたというのであろう。ただし「一両の門生」とあるので、それは寥々《りょうりょう》たるものではなかっただろうか。

その匡衡の詩

詩は次のように詠む。

明時の侍読一愚儒
再び得たり尾州の竹使符
長保の春風初めて駕を促し
寛弘の冬雪更に途に迷ふ
鶏を割《さ》くに唯愧《は》づ叢雲の剣
蚌《はまぐり》を折《さ》きて只慙《は》づ合浦《がっぽ》の珠
洛下の親朋我を抛《す》つること莫《な》かれ
月税と花租とを塡《うず》めむと欲《おも》ふ

表現の典拠

前半は二度に亙って尾張守となったことをいう。第三聯は故事を詠み込みつつ、国守としての能力を卑下する。前句は、「割鶏」は『論語』（「陽貨」）の語で、「鶏を割くに焉《なん》ぞ牛刀を用ゐんや」とある。ここでは国を治めることの意で用いられている。「牛刀」に代えて「叢雲剣」をいうのは、熱田宮が日本武尊《やまとたけるのみこと》の草薙剣《くさなぎのつるぎ》を祭るからである。『日本書紀』「神代紀」に草薙剣の本の名を天叢雲剣《あまのむらくものつるぎ》という。後句の「合浦の珠」は後漢の孟嘗《もうしょう》に関する故事で、合浦（広東省）は真珠の産地であるが、貪欲な太守が続いて貝が逃げてしまったが、孟嘗が清廉な政治を行うと貝が戻ってきて真珠を産するようになった（『後漢書《ごかんじょ》』循吏伝）。また、その珠は蚌の中にあるとされる（「南都賦」『文選《もんぜん》』巻四）。最後の句は特異な表現であるが、月と花、つまり詩興をかきたてる風物を、すなわち詩を詠むことをもって租税に当てようという。

彰子第二皇子を産む

都では十一月二十五日、彰子が第二子を出産した。昨年の敦成《あつひら》に続いて、男皇子で、道長の権力基盤がますます堅固に、ますます永続的なものとなっていくことを予測させるものであった。彰子がこの皇子を懐妊するに先立ってのエピソードが『江談抄《ごうだんしょう》』（巻二―九）に記されている。

匡衡の予言

彰子の部屋の帳《とばり》のなかに思いがけなく犬の子が入り込んできた。見つけて恐れ怪しんで道長に報告し、道長が匡衡を呼んで話しをすると、これは大変な慶事だという。

その理由を尋ねると、これは皇子誕生の徴《しるし》である。また犬の字は、点を下につけると太となり、上につけると天となる。思うに、皇子が生まれ、太子に立ち、必ずや天皇の位に即くだろうと言った。これを聞いて道長は大いに感じ入ったが、やがて彰子は懐妊した。

皇子の幼名は犬宮

このことと関わりがあるかどうか、この皇子の幼名は犬宮と名付けられている（『御堂関白記』十二月七日条）。この匡衡の予言は的中し、この皇子はのち後朱雀《ごすざく》天皇となる。また先の敦成に続いて、この皇子の名も匡衡が選進した（『御堂関白記』十二月十四日条裏書）。敦良《あつなが》と名付けられた。

匡衡の命名

敦成そして敦良とあいついで誕生した二人の皇子の名を勘進したことは大きな名誉であった。江家の家風を顕揚する一事として、匡衡はそのことを詩に詠まずにはいられない。長い詩題がある（巻中）。

二皇子の命名

昔、祖父江中納言、延喜の聖代に、両皇子の名朱雀院天皇、天暦天皇、を付け奉《たてまつ》り、天暦の聖代に両皇子の名冷泉院天皇、円融院天皇、を付け奉る。叔父左大丞は当今の名を付け奉る。江家代々の功大なり。匡衡、家風を承けて、寛弘五年十月、若宮の名を付け奉り、寛弘六年十二月、今宮の名を付け奉る。聊か遺華を著し、来葉に貽《おく》らん。夫《そ》れ其の言を用ゐて、其の人を廃せざるは、聖主賢臣の本意なり。

江家の先例

江家の儒者が天皇となった皇子の名を付けた先例をあげている。維時は朱雀（寛明《ひろあきら》）、村上（成明《なりあきら》）、冷泉（憲平《のりひら》）、円融（守平《もりひら》）の四人の天皇の、斉光は今上（懐仁《やすひと》）の名を付けた。

家風の顕揚

自分が二皇子の命名に関与したことはこの家風を継承したものであるという。

延喜以来皇子の号
江家代々嘉名を献ず
漢皇の中子風標秀で
唐帝の三郎日角明らかなり
愚息前年侍読と為り
老儒今日長生を祝ふ
若《も》し延喜と天暦とに依らば
父子此の春栄発《はなひら》かんとす

父子共々の栄光

第二聯の「漢皇の中子」は第二皇子敦成を、「唐帝の三郎」は新生の第三皇子敦良をなぞらえる。第五句は挙周が敦成誕生の折に御湯殿の博士を勤めたことである。結び、聖代の先例によって、父子ともどもに恩顧が与えられることを期待したいという。

四　丹波守への遷任と死

寛弘七年式部大輔となる

寛弘七年（一〇一〇）もあわただしい年となった。一年にも満たずして尾張を離れ丹波《たんば》へ転任したからであるが、その前に、二月、式部権大輔から式部大輔へ移った（藤原敦光《あつみつ》「申二紀伊守一状」『本朝続文粋』巻六）。これは前年六年の十二月二十四日に菅原輔正が没した後任であった。輔正はこの時八十五歳という高齢で、先立つ数年間、公事へも欠席が目立ち、実質的には匡衡が大輔の立場にあったが、ここに名目上も正官となったのである。

丹波守へ遷任

そうして三月、丹波守へ転じた。道長がその理由も併せて記録している。

丹波守業遠《なりとお》、病に依りて辞退す。尾張守匡衡を以て遷任せしむ。件の朝臣は御博士なり。遠国に任じては朝夕候すること難し。又式部大輔を兼ね、遠国に往還す。仍て改任す。（『御堂関白記』三十日条）

御博士は遠国にあるべからず

匡衡は天皇の侍読であり、式部大輔でもある。そういう人物が遠国にいては不都合であるということで、都に近い丹波守のポストが空いたので遷《うつ》ることになったという。なお、辞職した業遠は高階氏で、匡衡には女婿となる。すなわち道長家に侍従の名で仕えた匡衡の娘の夫である（『赤染衛門集』一二六番歌詞書）。

本任放還を待たず

任国へ赴任する国司

『因幡国薬師堂縁起』（東京国立博物館所蔵）による．

実際の転任は七月頃であったらしい。というのは、匡衡は六月八日付の奏状（『類聚符宣抄』巻八）で、本任の放還を待たずに任国へ赴任することを認める任符を発給してほしいと申請しているからである。国守の交替に当たっては、新旧国守の間での交替手続きが完了したのちに、新国守から解由《げゆ》状《じょう》が渡されて、旧国司は任務を解除される。これが「本任放還」であるが、早く新しい任国へ赴任するための便法として考え出されたのが、交替手続を終えないままに次の任国へ行く「本任の放還を待たずして任符を給する」ことである。匡衡はこの奏状で過去の例をあげて許可を求めているが、七月二日に認められている。したがって丹波への赴任はその後しばらくしてからであっただろう。

尾張への留別の詩

丹波へ赴くに当たって、匡衡は次のような詩を詠んでいる（巻中）。

寛弘七年三月三十日、丹州刺史に遷りて旧国尾州に帰りて感有り。

詩を以て庁壁に題す

昨《さき》に辺州に任ぜられてなほ鷁退《げきたい》し
今近地に遷りて始めて鷹揚《ようよう》す
竿を投じて呂望新詔を銜《ふく》み
錦を衣て買臣故郷に到る
侍読は何ぞ東海の外に居らんや
翰林は宜しく子城の傍らに在るべし
州民怪しむ莫かれ忩々《そうそう》として去るを
我は是れ毎朝帝王に事《つか》へん

第一聯はいうまでもなく、尾張と丹波との対比。「鷁退」は鳥が風で吹き戻されること、「鷁」は水鳥。第三句は太公望呂尚の故事を踏まえ、新たな命を承けて任国へ行くこと

儒職の遠国に在るは不都合

をいう。第三聯にいうところは先に道長が述べていることと全く同じである。こうした考え方は貴族たちが共有するものだったようで、『小右記《しょうゆうき》』天元《てんげん》五年（九八二）三月五日条にこのようなことが記されている。大宰大弐《だざいのだいに》の菅原輔正が民部権大輔か式部権大輔かのいずれかを兼ねたいと申し出たことに関し、時に太政大臣であった藤原頼忠《よりただ》はこう言っている。

民部輔を給ふべし。式部輔に至りては、是れ献題の職なり。已《すで》に遠境に赴きては、其の便無かるべきか。

我は帝王に仕える身

最後の一聯は、尾張国の人びとよ、慌しくこの地を去っていくのを不思議に思わないでくれ、私は常に帝の傍近くに在ってお仕えする身なのだ、と誇らし気に詠む。烈々たる意気である。

文人としての活動

匡衡は三月に丹波守に移ることが決まり、七月に赴任したと考えられるが、三月以前には都にいて、文人として行動している。二月一日には釈奠に参加し（『権記』六日条）、閏二月二十三日、大極殿で行われた臨時仁王会では呪願文を作っている（『日本紀略』）。また三月十八日、天皇の息災と天下泰平を祈願して、紫宸殿《ししんでん》で釈迦および七仏薬師像と法華経一千部の供養が行われたが、匡衡は願文を執筆した。その願文は『願文集』（『大日本史料』二―六所引）に残されている。

寛弘八年

寛弘八年（一〇一一）、六月に一条天皇が亡くなり、時代は節目を迎えるが、時間を追って見ていこう。三月二十七日、道長は土御門邸において阿弥陀仏および阿弥陀経の供養を行った。

願文の執筆

この時もこれまでの多くの仏事がそうであったように、匡衡が願文の制作に当たったが、彼はミスを犯してしまった。道長自身がそのことを記述している。

仏経を供養す。是れただ後生の為なり。願文を作る。匡衡作るも本自に非《あら》ず、多く現世の事を云ふ。仍て改め直さしむ。等身の阿弥陀仏・同経百巻なり。今年重く慎しむべし。而して修する所多く是れ現世の為なり。此の度はただ後生を思ふなり。

願主の意図を読み誤る

道長の本意としては、この造仏写経は後世における極楽往生を願うものであったのである。そう思って読むと、他の日記もそう記している。

偏《ひと》へに往生極楽の為なりてへり（『小右記』）。

是れただ後生の為に行はるる事なり。而《しか》るに丹波守匡衡朝臣願文を作るに、事の忌を避くる間、丞相の意に合《かな》はず（『権記』）。

ところが、どうしたことか、匡衡は願主の本意を理解しそこなって、「現世の事」を叙述した。それで道長に改作を命じられる結果になってしまった。

一条天皇発病

五月の終わりに至って、一条天皇が病を発した。

二十三日、主上、日来《ひごろ》尋常に御座《おわしま》さず、今頗《すこぶ》る重く悩み給ふ。仍て参入す。(『御堂関白記』)

二十五日、季信《すえのぶ》朝臣早旦に来たりて云はく、「……、一昨より主上御悩の由承る」と云々。(『権記』)

二十六日、主上、御悩なほ宜しく御座さず。(『御堂関白記』)

譲位

ここに急遽譲位という問題が浮上することになるが、匡衡はこれに関与している。道長は日記の二十五日条にこう記している。

匡衡朝臣を召して易を奉仕せしむ。

天皇の病気を行成に報告

例によって道長の記述はそっけなく、何なのかよくわからない。『権記』と読み合わせてみると明らかになってくるが、その前に、匡衡は道長の許に伺候したのち、行成の許を訪れて、天皇の病気を報告している。

夕、式部大輔来る。容体悩乱の気有り。示して云はく、「御悩の由、承り驚く所なり。此の由を告げんが為に、病を相扶《たす》けて、力《つと》めて来る所なり」と。(『権記』二十五日条)

匡衡自身も体の不調を訴えている。明年には彼も死を迎えることから、注意されることである。

『権記』の二十七日の記事は長文で、天皇の譲位の意志が示されたことから、次の皇太子に誰を立てるかが中心となっているが、なかに、次の記述がある。

今朝左大臣、東宮に参り、御譲位の案内を申さると云々。此の事、昨自り発する所なりと云々。匡衡朝臣易筮《えきぜい》して曰はく、「豊之明夷、豊の卦《け》不快」と云々。

匡衡易占を行う

これによって、二十五日に道長から命ぜられた易筮が譲位に関わってのことであったことが明らかとなるが、その内容はよく分からない。「豊」「明夷」ともに易の卦であるが、「豊」は弘大であること、また覆われ滞ったものを通じさせることで、一方、「明夷」は明るさが夷《そこな》われる、隠されるという意味であり、プラスとマイナス、相反する内容の語であるので、それが「豊之明夷」と結ばれたとき、どういう意味になるのか、見当がつかない。

匡衡の易占

匡衡は易筮も得意としていた。今の例もそのことを物語るものであるが、自分でもそのことを言っている。長保四年（一〇〇二）十一月の、藤原挙直宛の書状（『本朝文粋』巻七）に、自分が天皇と道長に対してなした功績を数え挙げているが、こういう。

匡衡、毛詩、荘子、史記、文選を以て天子に授け奉り、易筮、表翰、願文、祭文を以て東閤の旨意を発明す。

表や願文ほかの文章の制作と並べて易筮を挙げている。具体例は知りえないが、これ以前に道長からの諮問に対して、易筮を以て問題解決に寄与したことがあったわけである。道長ではないが、東三条院（詮子）に易筮を行ったことがあった。『権記』長保二年五月十一日条に次のような記事が見える。

式部権大輔匡衡朝臣、判官代則孝《のりたか》をして易占を奉らしむ。余を召して仰せて云はく、「匡衡朝臣の占ふ所殊に重し。対治の事、申さしむる旨に従ひ、倹約を宗と為すべし。……」

東三条院の御悩に関してであるが、匡衡の易占が重んじられている。なお、先に見た彰子の敦良親王懐妊にまつわる「犬」の意味するものの解読、また後述する蜈蚣《むかで》の文字の解析、匡衡はこうした文字を分析して未来を占う能力も有していたようであるが、これも易筮に通じるものといえる。

一条天皇崩ず

六月二十二日、一条天皇は一条院で崩じた。行年三十二歳。これより先、六月十三日、一条は東宮居貞《おきさだ》親王に譲位し（三条《さんじょう》天皇）、東宮には第一皇子の敦康（中関白家の定子を母と

四十九日法会　匡衡の願文

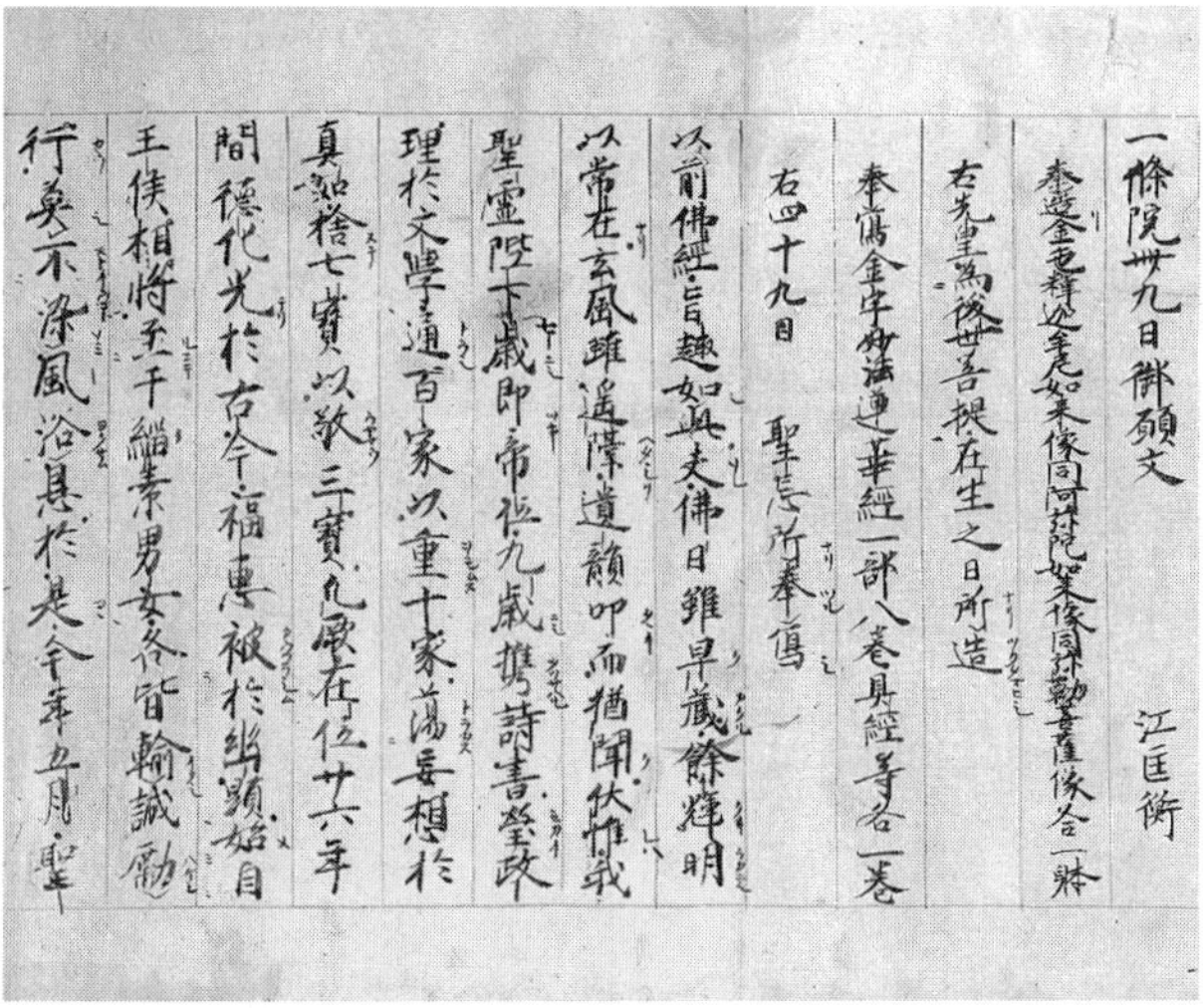
一條院卌九日御願文　江匡衡
奉造金色釋迦牟尼如来像同阿弥陀如来像同普賢菩薩像各一躰
右先皇爲後世菩提在生之日所造
奉写金字妙法蓮華經一部八巻具經等各一巻
右四十九日　聖忌所奉写
以前佛經旨趣如此。夫佛日雖昇蔵。餘輝明
以常在玄風雖遥。傳遺顔叩而猶聞。伏惟我
聖靈陛下歳即帝位九歳携詩書登政
理於文學道百家以重十家蕩妄想於
真諦捨七寶以歎三寶凡厥在位廿六年
間德化光於古今福惠被於幽顕始自
王侯相將至于緇素男女各皆輸誠勵
行莫不染風浴恩於是今年五月聖

『本朝文粋』（身延山久遠寺所蔵）所収の「一条院四十九日御願文」

する）ではなく、彰子を母とする、つまり道長の外孫の敦成が立った。また一条は十九日に出家をしていた。

八月十一日、四十九日の法会が行われ、追善願文は匡衡が執筆した。このことは一条朝における匡衡の文人としての位置を端的に指し示すものである。この願文（『本朝文粋』巻十四）は道長を願主とするものであるが、そこにはまた匡衡の視点も当然込められているはずである。棺を覆ってのち、当代の人びとの見た一条天皇はどのようなものであったか、読んでみよう。ただし長文なので、必要な部分のみ引用する。

伏して惟《おもんみ》るに、我が聖霊陛下、七歳にして帝位に即き、九歳にして詩書に携はる。政理を文学に瑩《みが》きて、百家に通じて以て十家を重んじ、妄想を真如に蕩《すす》ぎて、七宝を捨てて以て三宝を敬《うやま》ふ。凡《およ》そ厥《そ》の在位二十六年の間、徳化古今に光《かがや》き、福恵幽顕に被《こうぶ》らしむ。王侯相将自り始めて緇素《しそ》男女に至るまで、各おの皆誠を輸《いた》し行を励まし、風に染み恩に浴せずといふこと莫《な》し。

願文に見る天皇像

一条が少年にして文学学問に親しみ、政治を行うに文学を拠り所として諸家の学術を重んじ、また仏教を尊んだこと、在位二十六年間、徳化が遍く行き渡ったことをいう。次いで、引用を省略するが、五月以来の御悩、退位、出家、入滅のことを叙し、その死を最も悲しみ悼んだのが道長と彰子であったことを述べる。次いで、今日の七々忌の様子を記述したのちに、一条の往事の事跡を追懐する。

抑《そもそ》も往事を追ひ思へば、類に触れて魂を消す。花下の春の遊び、神筆を揮《ふる》ひて以て手づから御製を書し、月前の秋の宴、玉笛を吹きて以て自ら雅音を操《あやつ》る。草木も愁《うれ》ふる色あり、況《いわ》んや蘭省梨園（朝廷楽官）に於いてをや、鳥獣も哀《かな》しむ声あり、況んや虎闈鳳閣《こいほうかく》（大学文人）に於いてをや。ああ尊儀なほ眼前に在《いま》すが如し。顧命また忝《かたじけな》くも耳底に留まれり。常に恐る、偏へに親舅を以て老に垂《なんな》んとして壮年の君を輔任することを。豈図《あに》らんや、更に遺孤を列《つら》ねて、悲しみを呑みて今日の事を経営せんとは。

詩文と音楽の才

一条の作詩と音楽の才が称揚されている。ちなみにこれは曽孫匡房《まさふさ》の『続本朝往生伝』に受けつがれている。その一条天皇伝に、「才学文章、詞花人に過ぎ、糸竹絃歌、音曲倫《とも》に絶《すぐ》れたり」という。

『権記』所引の願文

この法会では、もう一首願文が作られている。そうしてそれもやはり匡衡が執筆し、行成が書写している。それは『権記』の十一日条に引用されているのだが、これまで全く注目されていなかった。たとえば『本朝文集』にも採録されていない。両者を比較してみると、先に引用した願文は天皇在世時に作られた釈迦・阿弥陀二如来、弥勒《みろく》菩薩像と法華経ほかの経典を供養するためのもので、『権記』所引の願文は御悩平癒《へいゆ》御願のための観音菩薩ほかの諸尊像と寿命経、仁王経《にんのう》を供養する時のものである。これも道長を願主として書かれている。今は引用は省略するが、埋もれていた匡衡の作品である。

先の願文に戻るが、匡衡は一条について、冒頭部では仏法を敬ったことと対句として、文学学問を重んじたことをいい、最後の段落では、音楽と並べて「才学文章」の冠絶をいう。要するに、一条天皇の最もの特質は好文の君ということになる。

これは客観的に見ても妥当な評価であろう。一条は詩人としても十分な能力を有し、『本朝麗藻』『類聚句題抄』ほかに三十首近い詩作が残されており、かつては『一条院御集』が存在していた（『通憲《つうけん》入道蔵書目録』）。ともにその許にしきりに詩宴を催し、詩作の場の主宰者として当代の文運の興隆に寄与した（拙稿「一条朝詩壇と『本朝麗藻』」）。こうした好文の天皇の死は、匡衡に一つの時代の終焉を実感させるものであっただろう。

内御書所詩宴

九月の終わり、内御書所《うちのごしょどころ》で「秋は唯一日を残すのみ」という句題のもとに詩宴が行われた。その時の詩が『江吏部集』（巻上）にあるが、第三聯に次のように詠んでいる。

柯《え》を爛《くさ》らすも識《し》らず残陽の景
後葉空しく逢《あ》はむ七秩《ちつ》の霜

時が経つのも知らず詩作に熱中してしまい、秋の終わりの日の日暮れも気がつかなかった。「爛柯」は晋の王質が山中で童子たちが碁を打つのを見るのに夢中になり、気が付くと斧の柄が朽ちてしまっていて、家に帰ってみると、昔の人は誰もいなかったという故事。これを承けて後句がある。私が家に帰ると、子孫（家の者）は六十代の白髪の老人を見ることだろう。「七秩」は六十歳台をいうが、これは白居易の詩語である。匡衡は翌長和元年の七月には没することから、この詩は六十歳であるこの年の詠作ということ

最後の詠詩

になる。そうして『江吏部集』中、詠作年時が知られる作品のうち、最も新しいものとなり、この点で注目される。

寛弘九年『小右記』が記す匡衡

翌寛弘九年（一〇一二）、暮れに改元があって長和元年となるが、『小右記』がよく匡衡の消息を伝えている。それは確実に衰えを加えていく匡衡の姿である。

蜈蚣を読み解く

四月二十七日、皇后宮職の除目を執筆していた実資《さねすけ》は硯の側をはう八寸程の蜈蚣《むかで》を見つけた。胸にひっかかるものを感じた実資は賀茂光栄《かものみつよし》に占わせた。後日、屋敷を訪れた匡衡と雑談の折にむかでのことを話すと、匡衡はそれをこう読み解いた。虫扁を除くと「呉」は「天」の上に「口」を戴いている形で、「公」は三公を意味する。「天口より出でて三公と為る」、すなわち、これは実資が近いうちに大臣の位に昇る予兆である。実資は匡衡の占いを記した後に、こう付け加えている。「件の匡衡、月来食せず恙《つつが》あり」（五月十一日条）。

願文を作りえず

五月十五日、皇太后の彰子は亡き夫、一条天皇の追善のために枇杷殿《びわどの》で法華八講を行ったが、その願文は菅原宣義が作った。匡衡が病気のために執筆できないからであった。

六月四日の記事はそのまま書き下してあげよう。

丹波守匡衡、人を差《つかわ》して云はく、「病已に急に臨み、非常近きに在り。挙周及び其の母、必ず相顧みらるべし」てへり。

挙周と衛門の後事を実資に托す

匡衡は死期の近いことを感じ取り、息子と妻の後事を実資に托したわけである。当の挙周がその夜、実資を訪ねてきた。用件は前述のむかでについての占いに関する実資からの手紙に、直接挙周から答えさせることであったが、そのあとに実資はこう記す。「識者の遺言、相違無きか」。すでに匡衡の伝言を「遺言」と捉えている。

「遺言」

十九日には匡衡からの書状が届いたが、このようなことも書かれていた。「十余日許、既に尋常に復し了《おわ》んぬ。而るに昨日未《ひつじ》刻許《ばかり》より、未だ飲食を受けず」。体が食物を受けつけなくなったという。

匡衡の絶筆

こうしたなか、六月二十五日付で書かれた祭文がある「北野天神に御幣并びに種々の物を供する文」(『本朝文粋』巻十三)である。読んでみよう。本文に先立って供物が列挙されているが、省略する。

右、天満自在天神、或いは天下を塩梅して一人を輔導し、或いは天上に日月として万民に照臨す。中に就きて文道の大祖、風月の本主なり。翰林の人は、尤も夙夜《しゅくや》勤労すべし。而るに性愚にして事劇《はげ》しく、思ひて以て年を渉《わた》る。爰《ここ》に露命半ば徂《ゆ》きて、臍《ほぞ》を噬《か》むも益無く、風情隠れんと欲ふに、首を傾けんに如《し》かず。昔、彭祖七百載、已に晩に杖《つえつ》きて早く衰へたるを悔いたり、今、小子六十余、なほ朝に趨《はし》りて以て幾《いくばく》ならざるを恨む。万死なり、一生なり。只神眷《しんけん》を仰ぐのみ。匡衡、病中に筆を右《たす》け、地に伏して敬ひて白《もう》す。

北野天神祭文

北野天神、神となった菅原道真に奉る祭文である。天神はかつては大臣として政治を執り行って天皇を補佐し、今は神となり天上に在って万民をみそなわしているが、神格の中心は文道の神である。したがって、文学に携わる者は日夜これを祭ることに勤めるべきであるが、愚かな私は長年に亙ってこれを怠ってきた。一生の半ばを過ぎて後悔するが、いかんともしがたく、今、死を自覚してひたすらに神に帰依し、その加護を仰ぐのみである。

実際の作者

絶筆となった作品が「文道の大祖、風月の本主」として尊崇される天神への帰依を述べ、その眷顧を求めるものであることは、ひたすら文道に生きた匡衡にまことにふさわしいものであった。この祭文は最後は「寛弘九年六月廿五日、正四位下行式部大輔兼文章博士丹波守大江朝臣匡衡敬ひて白す」で結ばれているが、表題の下の作者表記は、『本朝文粋』の諸本のなかに「江匡衡」ではなく「中原長国」とする（あるいは傍注する）ものがある。これは実際は中原長国が執筆したとして、その名を書いているのである。

前述の五月の一条天皇追善の願文のことを考えれば、それが事実であろう。しかしなお、190
これを匡衡の絶筆として読もう。

匡衡没す

匡衡が没したのは、この願文を書いてから一ヵ月にもならない七月十六日であった。

実資の記述

藤原実資は匡衡の死を七月十七日条にこう記している。

昨夕、丹波守匡衡卒す。年。当時の名儒、人の比肩するもの無し。文道滅亡す。

行年を『日本紀略』は六十一歳、『歌仙伝』は六十歳とするが、「述懐詩」の記載との照応から、六十一歳が正しい。

衛門の追悼歌

赤染衛門は多くの追悼歌を詠んでいる。初七日の法事の折の亡夫の形見の衣服を詠んだ歌以下、翌年にかけての、折に触れて夫をしのんで詠んだ三十首ほどの歌があり、『赤染衛門集』中の一歌群をなしている。一首をあげておこう。

梅の花も咲きにけり、桜もみな咲くけしきになりてけりと
人のいふをききて

278 君とこそ春来ることも待たれしか梅も桜もたれとかは見ん

五　詩文と和歌

『江吏部集』

匡衡は詩集『江吏部集』を持っている。「吏部」は式部の唐名で、匡衡が式部大輔であったことに基づく。平安朝の文人でその詩文集が現存するのは稀少な例に属する。個人の詩文集が作られることは珍しいことではなく、匡衡と同時代では、具平親王・藤原伊周・紀斉名・大江以言、それに匡衡の詩集が「五家集」と称されたと『二中歴』「詩人歴」に見え、ほかに慶滋保胤、橘正通《まさみち》、藤原有国、源為憲などにも詩集があったことが『本朝書籍目録』や『江談抄』に記されている。しかしそれらは散佚して今は伝わらない。詩文集が残るのは菅原道真（九〇三年没）の後は匡衡である（紀長谷雄《きのはせお》〈九一二年没〉の「紀家集」は巻十四の一部のみ現存している）。その点では匡衡は幸運の人である。

五家集の一

『江吏部集』は上中下三巻、詩集である。詩一三三首、詩序二九首、例外的に和歌一首、和歌序一首を収める。詩序のうち五首は本来あるはずの詩を欠いている。また詩題の句題のみ残るものが一つある。

集の構成

集の構成は類題の方法によっている。次のとおりである。

巻上―天（月、風、雲など）、四時（早春、三月三日、暮春など）、地（山、原、野など）、居処（院、池台、林亭など）

巻中―神道（祠廟）、釈教（仏、経、寺など）、帝徳（帝徳）、人倫（賢、王昭君、慶賀など）、文（尚書、毛詩、礼記など）、音楽（琴酒）、飲食（酒）、火（灯）

巻下―木（草木、樹、桃など）、草（蘭、菊、草花）、鳥（鳥、鶯、雁、燕雀）

作品を内容によって分類し配列するこの方法は『初学記』『芸文類聚』などの中国の類書と祖父維時の『千載佳句』に倣ったものと思われる。類題の項目名また順序には、これらと一致、あるいは類似するものがかなりある。

付項目

なお、類題のうち、天部の「月」に「付月露」、木部の「花」に「付落花花鳥」、「紅葉」に「付落葉」という付項目があるが、これは『和漢朗詠集』にやはり付項目があること（例えば「花」に「付落花」）との関連で注目される。また四時部に「雑秋」と「雑冬」という類題があるが、これは『拾遺和歌集』の部立の「雑春」「雑秋」を想起させる。

諸本

テキストとしては内閣文庫本、静嘉堂《せいかどう》文庫本など二十本ほどの写本が知られているが、いずれも近世の写本である。そうしたなかで宮内庁書陵部蔵本は大永《たいえい》六年（一五二六）七月に「禁裏《きんり》御本」を書写したという奥書を持つ古写本であるが、残念ながら抄出本で（表紙に「匡衡集抜萃」とある）、上巻から四首（付序二首）、中巻から十二首（付序二首）、下巻から一首（付序）を抜萃したものである。他の諸本に比べると古い写本であるが、といって特に良質の本文を持っているわけではない。

匡衡の漢文作品

匡衡の詩は、ほかには『別本和漢兼作集』に一聯がある。

『本朝文粋』に最多の入集

『江吏部集』は詩集であるから、文章は詩に冠して序が三〇首（うち一首は和歌序）収められているのみで、匡衡の漢文はまとめられてはいない。ただしそれは『本朝文粋』にほとんどが採録されている。『本朝文粋』に収められている匡衡の作品は四七首、入集数で第一位であるが、これも平安時代における匡衡の文人としての位置を示す数字の一つである。これ以外に『朝野群載』に祭文（巻三）、奏状（巻九）各一首、

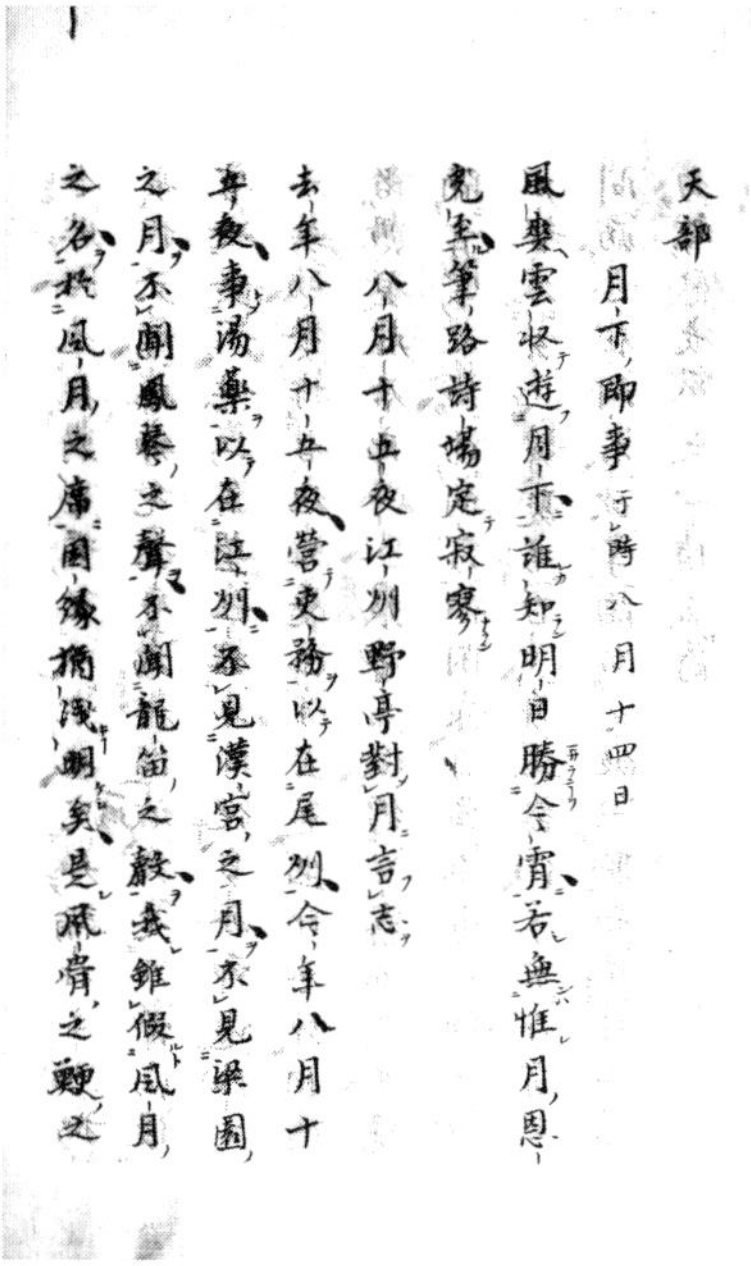
天部
月下即事　于時八月十四日
風褰雲収遊月下誰知明日勝今宵若無惟月恩
晃至筆路詩場定寂寥
八月十五夜江州野亭對月言志
去年八月十五夜営吏務以在尾州今年八月十
五夜事湯薬以在江州不見漢宮之月不見梁園
之月不聞鳳琴之聲不聞龍笛之穀哉雖假風月
之名於風月之席因縁猶淺明矣是飛骨之難之

『江吏部集』静嘉堂文庫本巻上首部

『政事要略』巻二十九に鐘銘（付序）一首、『本朝世紀』（長保四年十月二十二日）、『願文集』巻二十一（『大日本史料』二―六、寛弘七年三月十八日条所引）、『権記』（寛弘八年八月十一日）にそれぞれ願文一首が引載されている。

歌人としても中古三十六歌仙の一人で、私家集の『匡衡集』がある。一一三首が収められるが、歌の配列はいくつかの歌群をなして、詠作の年代順というおおまかな基準があるようである。

六　子供たち

挙周

匡衡の伝をたどるなかで、必要に応じて挙周の動静にも言及してきたので、匡衡の死以後のことについて要点を述べておこう。

長和三年（一〇一四）十一月、東宮の読書初めに博士を勤める。この頃、東宮学士。翌四年十二月の敦良親王読書初めには文人として召されている。治安《じあん》三年（一〇二三）九月、後《ご》一条《いちじょう》天皇の侍読となる。この頃、和泉《いずみ》守。万寿《まんじゅ》二年（一〇二五）正月、文章博士となる。

長元《ちょうげん》三年（一〇三〇）八月、上東門院《じょうとうもんいん》の法成寺《ほうじょうじ》供養に呪願文を作る。この時、木工頭《もくのかみ》。同四年七月、侍読として天皇に『文選』『史記』を教授した労によって正四位下に加階される。またこの年閏十月、朔旦冬至《さくたんとうじ》の賀表を作る。時に式部権大輔、文章博士。同九年、丹後《たんご》守となる。このほか、親仁《ちかひと》親王の御湯殿読書（万寿二年）、尊仁《たかひと》親王の読書初め（長久《ちょうきゅう》三年）の博士となり、長暦《ちょうりゃく》、長久、寛徳《かんとく》、永承《えいしょう》の各年号の勘申に参与している。永承元年（一〇四六）六月に没した。

挙周の詩文

詩文は『本朝文粋』（巻三）に対策二首、『本朝文集』に賀表一首、『中右記部類紙背《ちゅうゆうきぶるいしはい》漢詩』に一首が残るのみである。なお『本朝書籍《しょじゃく》目録』に「後江李部集一帖」が著録されているが、「李部」は「吏部」と同義であるから、匡衡に対して「後の江李部」である挙周の詩文集と考えられる（和田英松『本朝書籍目録考證』）。挙周はよく江家の学を守ったと評してよいだろう。

時棟

長徳三年（九九七）、省試に応じ、その試詩の詩病と「瑕瑾」をめぐって匡衡と紀斉名との間で論争がくり展げられたことは前に述べたが、その後は文章生《もんじょうしょう》から大学允《だいがくのじょう》を経て、寛弘元年（一〇〇四）外記《げき》に任じて、これを進むことになる。同四年四月の内裏での詩宴には文人として召されている。大外記となったのちに、同五年讃岐介《さぬきのすけ》となり、安房《あわ》守、ついで出羽《でわ》守と地方官を経るが、その後、大学頭となり、藤原頼通《よりみち》の侍読を勤めている。のち河内《かわち》守となる。天喜《てんぎ》五年（一〇五七）九月の北野天満宮における『法華経』講説の詩宴に参加して「七十余年苦学に疲る」と詠んでいるが（『擲金抄』下）、省試を受けた時の年齢を仮に匡衡と同じ二十四歳とすれば、この時は八十歳台半ばという高齢になる。詩文はほかに『中右記部類紙背漢詩』『本朝続文粋』『新撰朗詠集』『類聚句題抄』に七首が残る。

高齢を保つ

能公

『権記』寛弘八年（一〇一一）九月十五日条に民部丞として見えるのみである。

林豪は子にあらず

『尊卑分脈《そんぴぶんみゃく》』には林豪《りんごう》が挙げられているが、これは誤りである。『本朝世紀』康和《こうわ》元年（一〇九九）七月一日条に、林豪入滅の記事があり、伝を付す。彼は平生成の子で、挙周の養子となる。叡山に登って僧となり、権少僧都《ごんのしょうそうず》に至る。青蓮房《しょうれんぼう》と号した。卒時に六十七歳。

衛門と曽孫匡房

赤染衛門は八十有余の長寿を保ち、曾孫の誕生に立ち合うという幸せを得たが、その七夜《しちや》の産 養《うぶやしない》にこう詠んでいる。

575　千代をいのる心のうちのすずしきは絶えせぬ家の風にざりける

この子が、彼女の夫が夢見て得られなかった公卿（正二位権中納言）にも昇り、院政期第一の儒者となって大いに「家の風」を揚げることになる匡房である。

人と文学

文人としての匡衡は人びとの目にどのように映ったであろうか。また彼が作った詩文はどう評価されたであろうか。時代を追って概観してみよう。

『続本朝往生伝』一条朝における人材の輩出

まず、大江匡房《まさふさ》の『続本朝往生伝《ぞくほんちょうおうじょうでん》』を取りあげよう。巻首に一条《いちじょう》天皇の伝があるが、その治世の特徴として多方面に亙る人材の輩出をいう。「時の人を得たること、また斯《ここ》に盛んなりと為《な》す」として「親王・上宰（大臣）・九卿（公卿）」以下、「明経《みょうぎょう》・武士」に及ぶ「天下の一物」を列挙する。そのなかに「文士」があるが、名を挙げるのは以下の人びとである。

文士

文士には、匡衡・（大江）以言《ゆきとき》・（紀《きの》）斉名《ただな》・（菅原）宣義《のぶよし》・（高階《たかしな》）積善《もりよし》・（源）為憲《ためのり》・（藤原）為時《ためとき》・（源）孝道《たかみち》・（高岳《たかおか》）相如《すけゆき》・（源）道済《みちなり》。

匡衡が筆頭に置かれている。いうまでもなく、匡房にとって匡衡は曽祖父であるが、これは身びいきからの格付けではないはずである。これまでに見たところからも妥当な判断というべきであろう。

『本朝文粋』の入集数

平安朝の名文選集である『本朝文粋《ほんちょうもんずい》』もその判断材料の一つであろう。作者ごとの入集数は、

匡衡48、大江朝綱《あさつな》44、菅原文時《ふみとき》39、紀長谷雄《はせお》37、菅原道真《みちざね》36、源順《したがう》33、大江以言27、

の順となる。匡衡が第一位である。ただし、これとは大きく異なるものも一方にある。

『和漢朗詠集』の入集数

藤原公任《きんとう》が編纂した詩歌集『和漢朗詠集《わかんろうえいしゅう》』の入集状況である。同じように多い順からあげると、

文時43、道真38、順30、朝綱29、長谷雄23、

となり、『本朝文粋』の上位者とほとんど変わらないのであるが、それは匡衡を除いてのことである。『和漢朗詠集』においては、匡衡は上位入集者ではない。匡衡はわずかに四首である。しかもそれには特徴がある。みな漢文からの摘句である。

漢文からの摘句

『和漢朗詠集』はその名のとおり和と漢の作品を採録する。和は和歌であるが、漢は漢詩あるいは漢文である。漢詩がはるかに多いが、賦《ふ》や序など漢文から佳句を抜き出したものも含まれている。匡衡の四首はみな漢文（詩序3、対策1）から抄出された佳句である。漢詩はな

い。匡衡の詩は公任の眼鏡にかなわなかったのだろうか。

『本朝麗藻』の入集数

『本朝麗藻《れいそう》』を見てみよう。この詩集は寛弘《かんこう》七年（一〇一〇）頃の成立と考えられていて、『和漢朗詠集』とともに、匡衡にとって同時代の詩集ということになるが、この詩集には匡衡の詩はわずかに一首しか採られていない。『本朝麗藻』の編者は中関白家の外戚であった高階氏の一員の積善《もりよし》であるが、この集には、積善からは主家の御曹司に当たる伊周《これちか》、また中関白家と緊密な結びつきを持った大江以言の作が入集数で第三位（15首）と第一位（19首）を占めている。このことに端的に示されるように、『本朝麗藻』の詩の

編者の好み

選択には編者の好みがかなり反映していると考えられる。そうした立場からすると、道長に近侍する匡衡は冷遇されたとも考えられるのであるが（拙稿「一条朝詩壇と『本朝麗藻』」）、先に見たように、『和漢朗詠集』に採録された匡衡の作品はすべて漢文で、詩ではないということを考え合わせると、当代の人びとの匡衡の詩と文とに対する評価を思わざるをえない。

ここで想起される話が『江談抄《ごうだんしょう》』（巻五―五一）にある。

維時《これとき》中納言、日記の中に書きて云はく、菅家《かんけ》、夢の中に告げしめて云はく、汝《なんじ》の才学漸《ようや》く朝綱に勝る由、記すところなりと云々。然りといへども、文章に於いて

は敵に非《あら》ざるか。

維時と朝綱の優劣

維時と朝綱は年齢も近い従兄弟同志である。それだけに相手を意識する気持ちも強かったであろう。維時が菅原道真の夢告という権威を借りて、才学における自分の優位を自慢したのに対し、しかし文章の力においては朝綱の敵ではないと評された話である。先の『本朝文粋』『和漢朗詠集』の入集数からも、この評は的を射ている。ここでは才学と文章の対比で、匡衡はその文章と詩とであるが、最も基層のところで、匡衡は祖父の血を承けていたといってよいだろう。

漢文の作者として

匡衡は、当代の文人としてはむしろ例外的に詩集を現在に伝える幸運に恵まれるが、周囲の人びとからは、詩人としてよりも文章の制作において認められていたらしいことは皮肉である。

『本朝一人一首』

近世に飛んで『本朝一人一首』を見てみよう。本書は林《はやし》鵞峰《がほう》の編纂で、万治《まんじ》三年（一六六〇）の自序がある。近江朝より近世初期に至る四八二首の詩を収載するが、書名のとおり一人につき一首を選び、これに評語や考証を付す。鵞峰の選択眼によって選び出された匡衡の一首は次の詩である。

「自愛」の詩

自愛

我れ我が身を賞するも人識《し》らず
鑽堅《さんけん》嶮を嘗《な》むるは幾寒温
問頭の博士は菅三位
提耳せる祖宗《そそう》江納言
東海に鮮を烹て教化《に》を遺し
子城の侍読《じどく》は殊恩を仰ぐ
一言なほ千金の重きに勝る
三百巻書至尊に授く

第二句の「鑽堅」は研鑽である。どれほどの歳月、その苦しさを体験したことか。第二聯は修行時代の回想で、菅原文時と祖父維時のことである。「提耳」は教え諭すこと。第五句は尾張守《おわりのかみ》となったことをいい、これと対句をなす第六句は侍読として都に近い丹《たん》波《ば》守に遷任したことを踏まえる。この句のあることから、この詩はいよいよ晩年の作である。なお、鷲峰は「子城」を「玄成」に改めて引用するが、これは賢《さか》しらである。玄成は漢の大儒韋玄成《いげんせい》をいうが、これでは対偶が破れる。匡衡は先に引用した詩にも、

侍読は何ぞ東海の外に居らんや

鷲峰の賢しら

自己省察の詩

功労を誇る

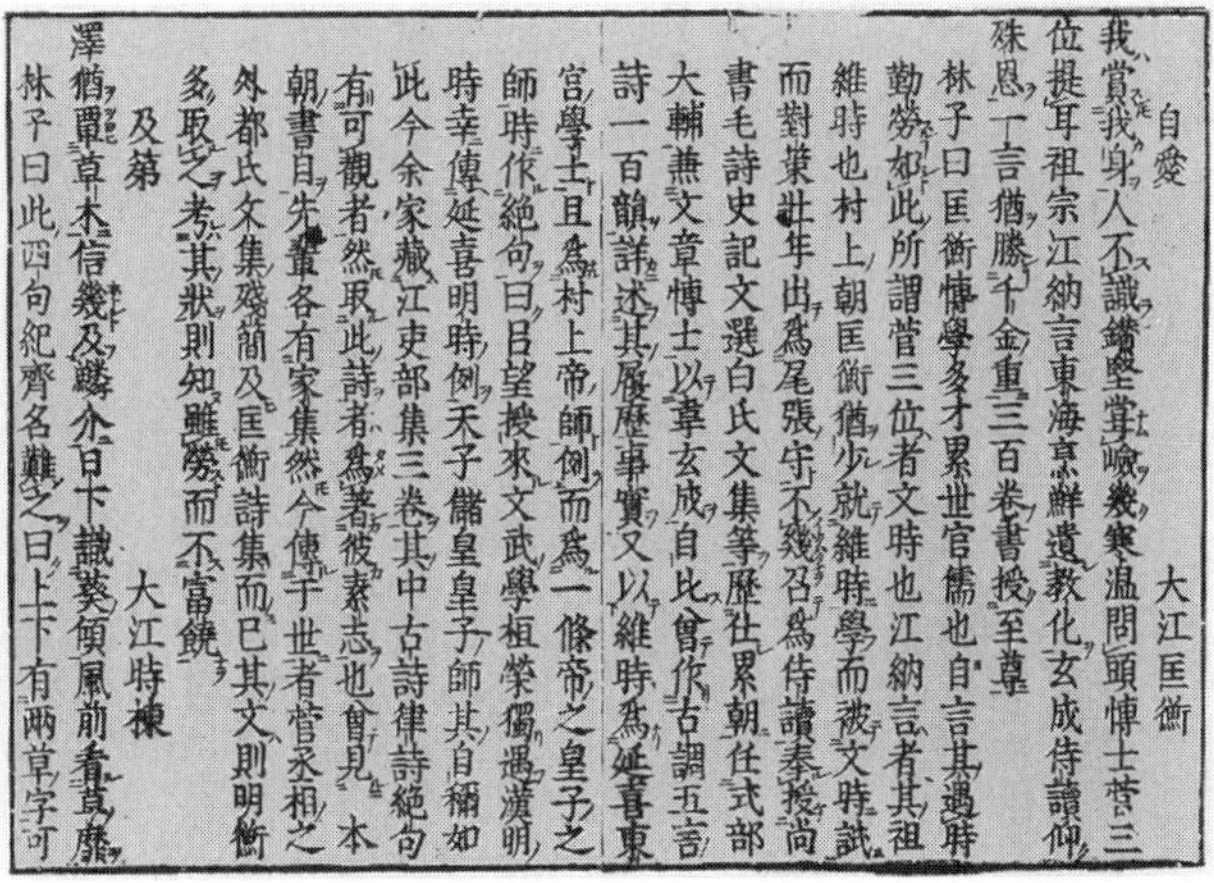
自愛　　大江匡衡
我賞我身人不識　鑽堅嘗喩幾寒温　問頭博士昔三
位提耳祖宗江納言　東海京畿遺教化　玄成侍讀仰
殊恩　一言猶勝千金重　三百巻書授至尊
林子曰匡衡博學多才累世官儒也自言其遇時
勤勞如此所謂菅三位者文時也江納言者其祖
維時也村上朝匡衡猶少就維時學而被文時試
而對策壯年出爲尾張守不幾召爲侍讀奉授尚
書毛詩史記文選白氏文集等歴仕累朝任式部
大輔兼文章博士以韋玄成自比嘗作古調五言
詩一百韻詳述其履歴事實又以維時爲延喜東
宮學士且爲村上帝師例而爲一條帝之皇子之
師時作絶句曰呂望授來文武學植榮獨遇漢明
時幸傳延喜明時例天子儲皇皇子師其自稱如
此今余家藏江吏部集三巻其中古詩律詩絶句
有可觀者然取此詩者爲著彼素志也嘗見本
朝書目先輩各有家集然今傳于世者菅丞相之
外都氏文集殘簡及匡衡詩集而已其文則明衡
多取之考其状則知雖勞而不富饒
及第　　大江時棟
澤猶覃草木　信幾及蟲魚　日下識莫傾　風前看豈靡
林子曰此四句紀齊名難之曰上下有兩草字可

『本朝一人一首』（寛文板本）に採られた「自愛」の詩と林鵞峰の評

翰林《かんりん》は宜しく子城の傍に在るべし

と詠んでいた（一七七ページ）。

鵞峰は多くの匡衡の詩の中からこの詩を選んだ理由を「此の詩を取るは、彼が素志を著はさんが為なり」と述べている。これは、匡衡の素志が示されている詩とする。匡衡晩年における自己省察の詩である。そうしてそれは自ら賞すべきものを列挙している。長年に亙る学問の研鑽、尾張における国守としての教化、侍読として天皇から与えられた恩顧、そうして最後にあげるのは侍読として多くの書物を天皇に教授したことである。自己省察の詩が自分の労・功を数えあげ、これを「自ら賞す」として詠ずる詩であることに匡衡の人柄が端的に示されている。

詩文の特異性

これまでに述べた匡衡の詩文が示す特異性も同じところに根差していよう。正月、道長の邸宅で催された詩宴で、「春に逢ひて唯《ただ》喜気あり」が句題に選ばれた。常識的には花咲き鳥歌う陽春の属目《しょくもく》の景が詠まれるであろう句題であるが、匡衡は「春に逢ふ」を聖主賢臣の恩寵を蒙ることと捉えて、それによって自分が儒職の顕官に在ることへの感謝の気持ちを詠んでいる（六六ページ）。

天皇が母后の追善のために『法華経』を自ら書写するという善業を行ったことを称える詩に、実際はなかった江家《ごうけ》の祖先のそうした場での願文執筆を、過去の事例として挙げている（一一八ページ）。

子息挙周《たかちか》の就職を求める、本来は奏状として書かれるべき内容を、神への祈願の文章として執筆している（一三八ページ）。

『孝経』をテキストとして行われた敦康《あつやす》親王の読書初めの詩宴では、他の陪席者はいずれも親王の英才、孝心、あるいは『孝経』のことなど、その場にふさわしいものを詩に詠んでいるなかで、匡衡はひとり過去から続く親王の読書初めにおける江家の功績を賞揚する詩を作っている（一四九ページ）。

その過去

これらを貫くものは江家の学統の継承であり、その過去・現在・未来への匡衡の思いである。匡衡の思念、行動はこれに起因している、あるいはそこへ収斂していく。

維時という存在

匡衡にとって、元服の席での祖父維時の教訓が彼の生き方を大きく規制するものとなったが、またその存在そのものが、規範として仰ぎ見るべき対象となった。匡衡は詩文の中で繰り返しそのことを述べている。年号の勘申（一三〇ページ）、皇子の名の撰定（一七三ページ）、皇子の読書初めの博士（一四九ページ）、天皇の母后追善法会における願文の制作（一一八ページ）などについては、いずれの場合も、先例として維時のことが述べられている。また、天皇に対する古典の教授の場合もそうである。『老子』講授に関して詠んだ詩（巻中）の長文の詩題に、江家は十代に亙って帝王の師範を勤めてきたことを誇ったのちに、

中に就きて祖父江納言、老子経を以て、延喜《えんぎ》・天暦《てんりやく》二代の明主に授け奉る。今、不佞の身を以て、至尊の読に侍す。江家の才徳、古今に光《かがや》くと謂ふべし。

と述べている。維時が醍醐《だいご》・村上《むらかみ》の両天皇に『老子』を教授したことは直接の先例という。

以上の諸例から、祖父維時は江家の盛時を将来した人として、匡衡の念頭を去ること

過去の重さ

のなかった大きな存在であったことが知られる。これはすなわち江家の学統の過去の重さである。

その現在

その現在は匡衡自身である。

家門意識

いま挙げた先例としての維時の行為は、そのまま匡衡自身が為したことでもある。すなわち匡衡は深々とした江家の伝統を背負っているのである。そのことが匡衡に強烈な家門意識を抱かせることとなった。そのことはこれまでに述べたものにも、皇子の名の撰定に当たったことについて、「江家代々の功大なり。匡衡、家風を承く」、天皇に『老子』を講授したことについて、「江家の体為《た》る、一家相伝えて李部官《りぶ》(式部輔)の任を経、十代次第に羅図《らと》(書物を並べて)帝王の師と為る」と述べているが、また一条天皇から『白氏文集』に点を付すように命じられたことを喜んだ詩(巻中)の詩題に次のようにいう。

近日綸命《りんめい》を蒙りて、文集七十巻に点ず。夫《そ》れ江家の江家為《た》るは白楽天の恩なり。故《ゆえ》何《いかん》となれば、延喜の聖代、千古《ちふる》・維時父子、共に文集の侍読為り。天暦の聖代、維時・斉光《ときみつ》父子、共に文集の侍読たり。天禄の御宇、斉光・定基《さだもと》父子、共に文集の侍読為り。

延喜期の千古以来、連綿と続いた江家代々の「文集の侍読」を列挙する。これらに学統を負い、家門を誇ろうとする匡衡の意識が見て取れる。

その未来子供たちによる継承

未来は子供たちによるその継承である。これについても、匡衡がこれに寄せる熱意の示された詩文を見てきた。挙周の蔵人《くろうど》任官に関する三河守《みかわのかみ》への依頼の書状（一一九ページ）は普通のことであろうが、やはり挙周の就職を、あたかも祭文のようなかたちで熱《あつ》田《た》の神に祈願することや、もう一人の子、能公に対する学問料の支給を請願する奏状の、重代の優越を威丈高に主張するもの言い（一一五ページ）などは尋常ではない。

江家の人として

江家の伝統が匡衡の生き方を支え、また呪縛した。彼の思考と行動を規制した。たとえば時代のあり方に疑問を懐いて退隠（出家）するなどというようなことは、もちろん考えようもないことであり、斜に構えるという姿勢もない。あくまでも体制内にあって上昇を志向した。いま対比的に、匡衡の修学時代の仲間であったことを先に見た慶滋保胤（出家して寂心）、また彼が憧憬の目指しを向けた天暦期に生きた橘在列《たちばなのありつら》（出家して尊《そん》敬《ぎょう》）など、出家した文人のことを想起するのであるが（拙著『天台仏教と平安朝文人』）、そのような生き方は匡衡の選択肢としてはありえなかった。

匡衡の個性

こうした姿勢はもとより作品に反映する。「彼の文学にははげしい懐疑や模索はない、得意の時の明るさと失意の時の不平とが日のてりかげりのように出てくるにかかわらず、何かしら一種の平板さ退屈さというものが流れているように思われる」（川口久雄『平安朝日本漢文学史の研究』）という先学の評は、残念ながら受け入れざるをえないのである。

届かない公卿の座

維時の生き方に倣い、その教訓に忠実であろうとした匡衡は祖父のように公卿《くぎょう》の座に昇ることを願った。それも折に触れて詩に詠んでいるが、これはかなわなかった。フランスの研究者、フランシーヌ・エライユ氏は、匡衡が七十五か八十歳まで長生きしていたら、そうなっていただろうという（「文人官僚・大江匡衡」）。おそらくそうだったろうが、天は彼にそれほどの命を与えなかった。

大江氏（高階氏）略系図

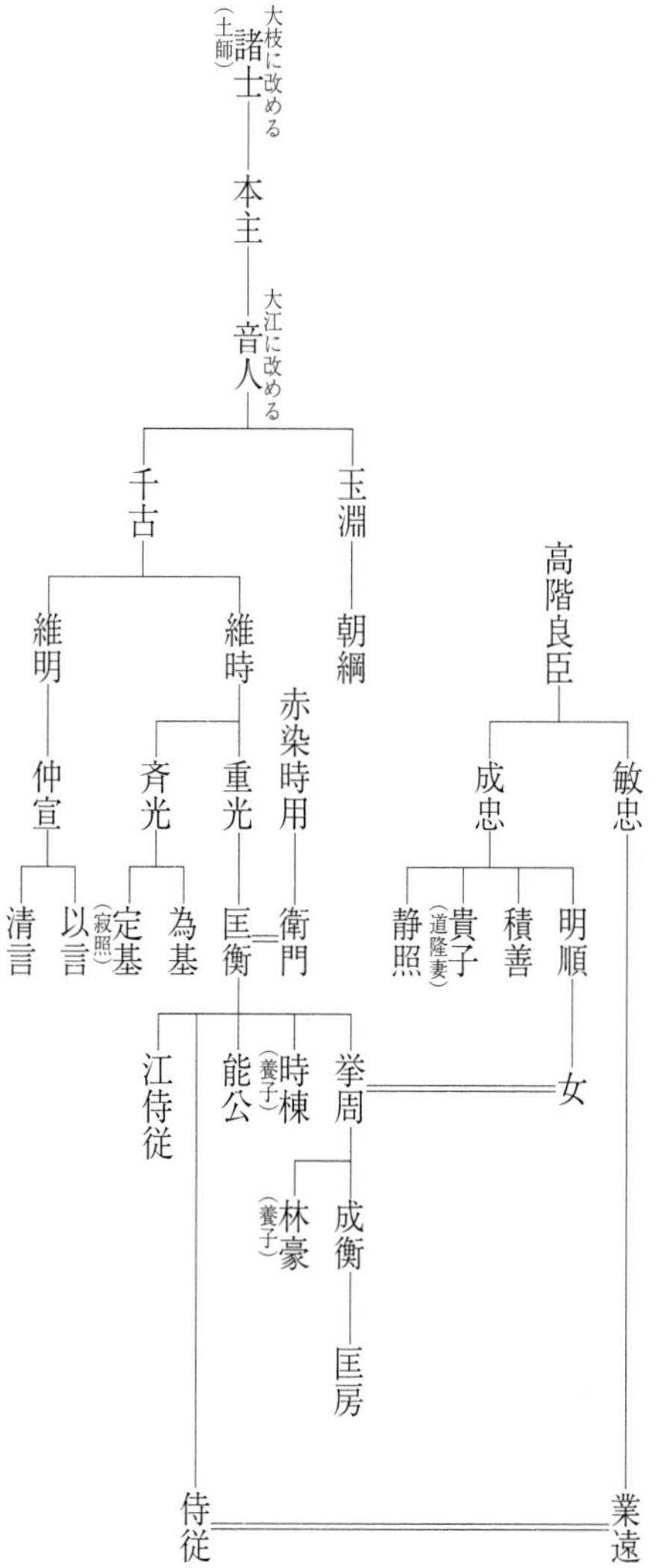
諸士（土師）大枝に改める
本主
音人 大江に改める
千古
玉淵
朝綱
維明
維時
仲宣
清言
以言
斉光
定基（寂照）
為基
重光
匡衡
赤染時用
衛門
江侍従
能公
時棟（養子）
挙周
林豪（養子）
成衡
匡房
侍従
高階良臣
成忠
敏忠
静照
貴子（道隆妻）
積善
明順
女
業遠

藤原氏略系図

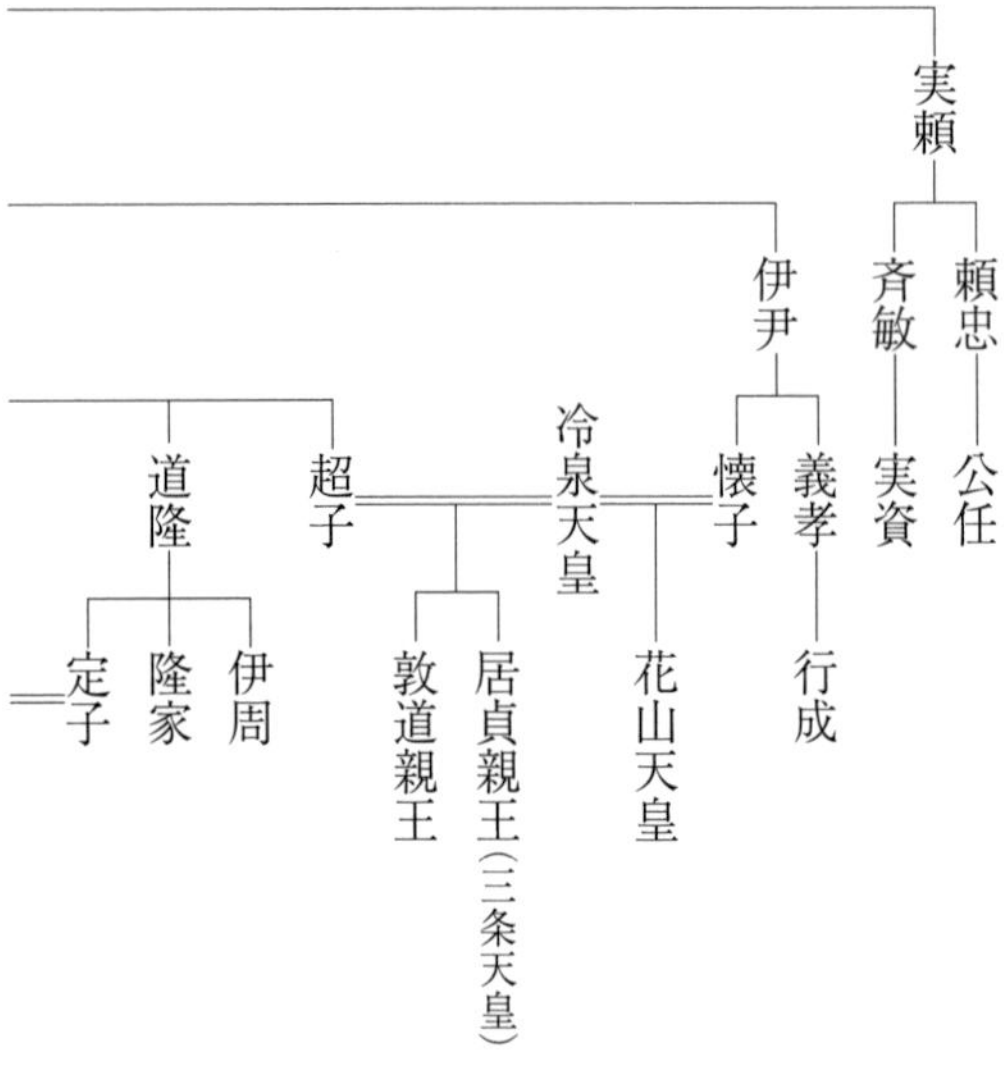

実頼
頼忠
公任
斉敏
実資
伊尹
義孝
行成
懐子
花山天皇
冷泉天皇
居貞親王（三条天皇）
敦道親王
超子
道隆
伊周
隆家
定子

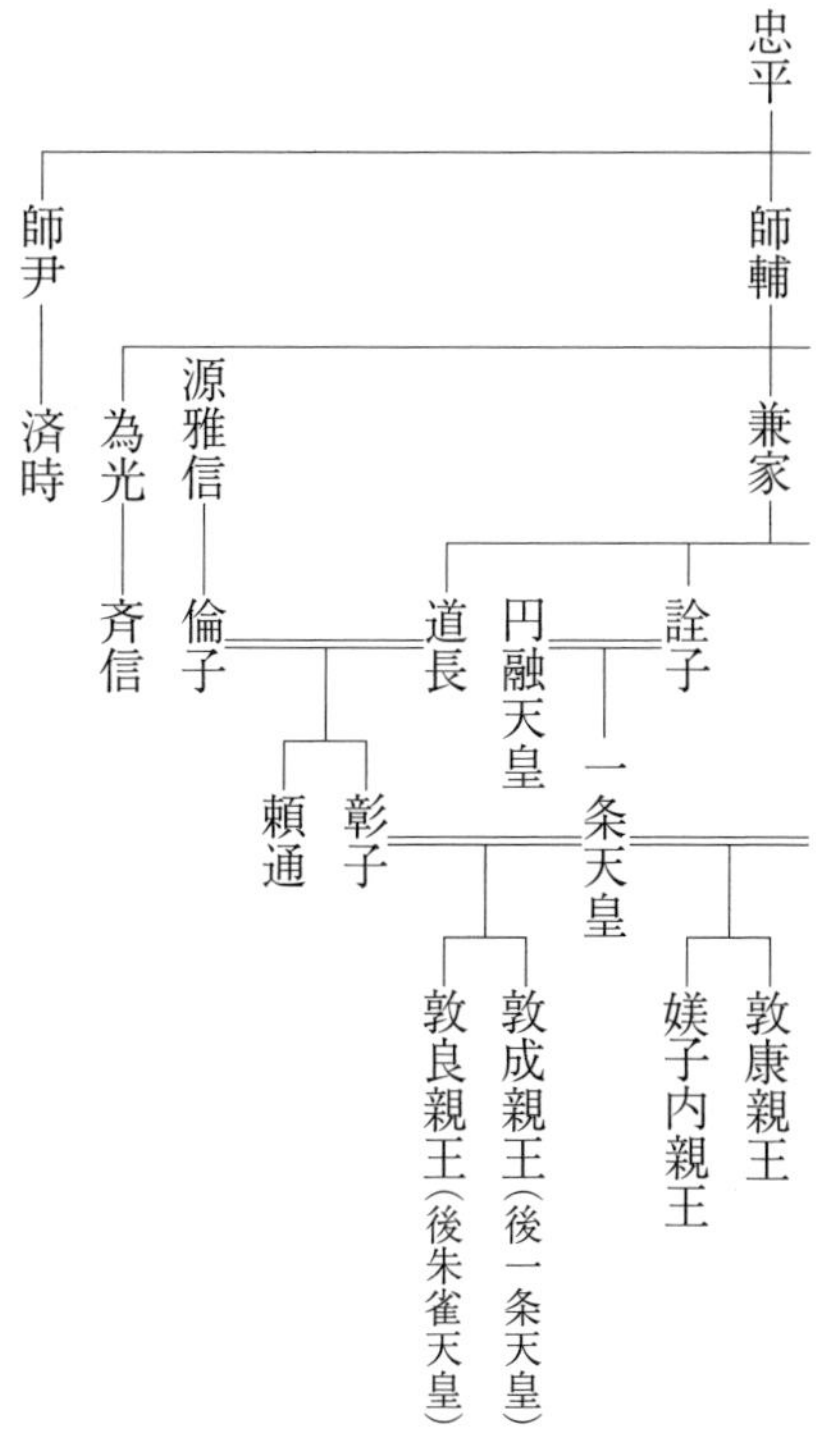
忠平
師輔
師尹
兼家
為光
源雅信
済時
詮子
円融天皇
道長
倫子
斉信
一条天皇
彰子
頼通
敦康親王
媄子内親王
敦成親王（後一条天皇）
敦良親王（後朱雀天皇）

略年譜

年次	西暦	天皇	年齢	事績	関係事項
天暦六	九五二	村上	一	この年生まれる	
七	九五三		二		九月二五日、大江朝綱、参議となる
八	九五四		三		六月二九日、朝綱、撰国史所別当となる○大江斉光、文章得業生となる
天徳元	九五七		六		一二月二六日、朝綱没する。あとを承けて、大江維時、撰国史所別当となる○斉光、対策
二	九五八		七	初めて読書	
三	九五九		八		八月一六日、内裏詩合が行われ、維時、右方の作者となる
四	九六〇		九	初めて詩を詠む	八月二二日、維時、中納言となる
応和三	九六三		一二		六月七日、維時没する(七六歳)
康保元	九六四		一三	元服	三月一五日、勧学会始まる
二	九六五		一四		八月一三日、日本紀講書が行われ、

三	九六六		一五	大学寮に入学	大江重光・斉光召人となる
四	九六七	冷泉	一六	寮試に応じる	
安和元	九六八		一七		七月、重光、文章生試における失態により吏務を停止される
二	九六九	円融	一八		閏五月、これより以前に重光、式部大輔の任を去る
天延三	九七五		二四	一〇月二八日、省試に及第、文章生となる	
貞元元	九七六		二五	一月二八日、越前権大掾となる○文章得業生となる	
天元二	九七九		二八	五月二六日、対策に及第	
五	九八二		三一	一月三〇日、右衛門権尉となる○二月八日、検非違使となる	
永観元	九八三		三二		三月二二日、円融寺供養、斉光願文を作る
二	九八四	花山	三三	一月七日、従五位下に叙せられる○二月一日、甲斐権守となる○一〇月三〇日、弾正少弼となる	
寛和元	九八五		三四	一月六日夜、土御門の辺りで藤原斉明に切りつけられる○閏八月一九日、藤原済時邸に庚申詩宴、「賦秋情月露深」詩・詩序を作る	

二	九八六	一条	三五		三月二二日、円融法皇受戒、斉光戒牒を作る○六月二三日、花山法皇出家。二四日、一条天皇即位
永延元	九八七		三六	一〇月一四日、天皇、藤原兼家の東三条院に行幸し詩宴、「賦葉飛水面紅」詩を作る	一一月六日、斉光没する（五三歳）
二	九八八		三七	三月三日、藤原道長邸に庚申詩宴、「賦桃浦落船花」詩・詩序を作る○八月六日、道長邸に庚申詩宴、「賦夜坐聴松風」詩・詩序を作る	
永祚元	九八九		三八	一月七日、従五位上に叙せられる○五月二〇日、藤亜相城北山荘に詩宴、「賦淡交唯対水」詩・詩序を作る○七月二三日、真救のために率都婆供養願文を作る○一一月二八日、文章博士となる	
正暦元	九九〇		三九	一月七日、天皇元服の賀表を作る○三月一七日、藤原兼家のために太政大臣・封戸・准三宮を辞退する第二表を作る○四月二一日、同第三表を作る○五月五日、同第四表を作る○六月、兼家のために、出家後の封戸・准三宮を辞退する第二表を作る○一二月四日、具平親王邸に詩宴、「賦寒林暮鳥帰」詩・詩序を作る	一月五日、天皇元服○五月二六日、藤原道隆摂政となる○七月二日、兼家没する○一〇月五日、定子中宮となる
二	九九一		四〇	一月一日、次侍従となる○三月二八日、仁康の	八月、大中臣能宣没する○九月一

				ために五時講を修する願文を作る○九月、大中臣能宣追善の願文を輔親の依頼により作る	六日、能宣の子輔親、従五位下に叙せられる
三	九九二		四一	一月二〇日、尾張権守を兼任○九月九日、重陽宴に参加する	
四	九九三		四二	一月一一日、弁官・衛門権佐・大学頭等の兼任を請う奏状を奉る○一月二二日、内宴に「賦花色与春来」詩を作る。講師となる○閏一〇月、員外藤納言に従って比叡山に登り、詩を作る	
五	九九四		四三	二月一七日、道隆のために積善寺を御願寺とすることを請う奏状を作る○三月、「無情花自落」詩を作る	
長徳元	九九五		四四	一月七日、正五位下に叙せられる○二月五日、道隆のために関白を辞退する第二表を作る○二月九日、疫病の流行で仁王会が行われ、呪願文を作る○二月二六日、道隆のために関白を辞退する第三表を作る○八月二八日、式部権少輔を兼ねる	四月一〇日、道隆没する○五月一一日、道長内覧の宣旨を得る
二	九九六		四五	一月一五日、越前守・尾張守の兼任を請う奏状を奉る○一月、藤原為時、越前守となり、赴任。餞別の詩を作る○四月二日、備中介の兼任を請う奏状を奉る○閏七月一二日、六月の省試の判	一月二八日、藤原為時、越前守となる○四月二四日、藤原伊周を大宰権帥とする○七月二〇日、道長、左大臣となる

				定に加わらないことを問責される○九月〜一二月、省試の及第詩の詩瑕を匡衡が指摘、議論となる○一二月二六日、宋僧源清への返牒を紀斉名と執筆することとなる
三	九九七		四六	一月二八日、越前権守を兼ねる○三月九日、東宮学士を兼ねる○七月〜八月、大江時棟の省試詩をめぐって紀斉名と論争○九月九日、重陽詩宴に「賦菊是為仙草」詩を作る。献題、講師も勤める○一〇月一二日、道長邸詩宴、「賦寒花為客栽」詩・詩序を作る。○一二月一二日、道長邸詩宴、「賦池氷如対鏡」詩を作る
四	九九八		四七	一月七日、従四位下に叙せられる○一月二五日、式部権大輔となる○一月、道長邸詩宴、「賦逢春唯喜気」詩を作る○三月一二日、道長のために左大臣・内覧を辞退する表を作る○七月一五日、行成のために蔵人頭・左中弁を辞職する状を作る○九月、天皇より『史記』「孔子世家」について大江家の訓説を示すよう命を受けて奉呈する○一〇月一二日、源宣方の妻のために宣方の四十九日の願文を作る○一〇月二三日、昇殿を許され、侍読となる○この年、道長の嫡男

長保元	九九九		四八	頼通七歳となり読書初め、『古文孝経』を教授する 一月一三日、長保と改元、その年号を勘申する〇五月六・七日、道長、東三条院に詩宴、「賦水樹多佳趣」詩と詩序を作る〇六月九日、清涼殿に詩宴、「賦避暑対水石」詩と詩序を作る〇七月三日、藤原実資、禅林寺に亡妻婉子女王の周忌法事を行う。願文を作る〇七月二一日、臨時仁王会、呪願文を作る〇八月一八日、行成宅を訪れ、定子の入内について中国の故事と比較して雑談〇九月六日、行成のために蔵人頭の辞状を作る〇九月一二日、道長、嵯峨・大井河に遊覧、和歌題「処々尋紅葉」を献じる〇九月三〇日、内裏詩宴、題「送秋筆硯中」を献じ、詩・詩序を作る〇一〇月七日、敦道親王邸に詩宴、題「唯以詩為友」を献じ、詩・詩序を作る〇一一月二〇日、五節の事に関して実資邸を訪ねる	一月三日、定子参内〇六月一四日、内裏焼亡、一六日、天皇、一条院に遷る〇一一月一日、彰子入内〇一一月七日、定子、敦康親王を産む
二	一〇〇〇		四九	二月六日、行成から借用していた『貞観政要』を返却し、書状を送る〇三月二日、道長の土御門邸に詩宴、「賦花影満春池」詩を作る〇三月	二月二五日、彰子、中宮となる〇一二月二日、敦明親王の読書初めに、文章得業生挙周、尚復となる

			四日、中宮彰子、諸社に奉幣、匡衡、告文を作る○五月九日、道長のために左大臣を辞退する第二表を作る○五月一八日、同第三表を作る○五月一一日、東三条院詮子の御悩に関して易占を奉る○五月一八日、詮子の御悩平癒のために大赦が行われる。詔の用語について匡衡、難を付ける。以後、十二月に至るまで諸儒の間で議論が行われる○九月六日、これより以前に、注文選を献上するようにとの天皇の命を行成に伝える○九月二四日、内裏に詩宴、題「木葉落如舞」を献じ詩を作る。御書所に詩宴、「賦夜深聞遠雁」詩を作る○一〇月一七日、内裏に詩宴、「賦燕雀相賀」詩を作る○一二月二日、敦明親王、読書初め、「聴第一皇孫初読御注孝経」詩と詩序を作る	
三	一〇〇一		五〇	一月二四日、尾張権守を兼ねる○二月二六日、参内して赴任の挨拶をする○二月二九日、尾張へ向かう○三月二日、尾張へ到着○三月三日、行成へ書状を送る○三月二八日、美濃守源頼光からの書状に返事を送る○六月二六日、阿闍梨静昭と行成宅を訪問する○七月初め、赤染衛門	一一月一八日、内裏焼亡○一一月二五日、挙周、対策

				を伴って改めて尾張へ赴任する○八月、『大般若経』の書写を始める	
四	一〇〇二		五一	春、赤染衛門と共に熱田神社に参詣○一〇月二二日、天皇、故東三条院追善の法華八講を行う。願文と詩を作る○一一月一四日、三河守藤原挙直に挙周の明春の蔵人任官を道長に上申してくれるよう依頼する○一二月九日、道長の依頼により、寂心の四十九日のための諷誦文を作る	
五	一〇〇三		五二	一月七日、従四位上に叙せられる○一一月五日、正四位下に叙せられる	一〇月八日、天皇、一条院より新造の内裏に移る
寛弘元	一〇〇四		五三	三月三日、御書所に詩宴、「賦花貌年々同」詩と詩序を作る○三月、「暮春応製」詩を作る○春、天皇の尚書読書に侍読を勤める○七月二〇日、寛弘と改元、その年号を勘申する○九月三〇日、菅原輔正、北野天満宮に詩宴。「侍北野廟各分一字」詩を作る○一〇月一四日、熱田神社に大般若経供養を行い、願文を作る○熱田神社に挙周の明春の式部丞任官を祈願し、祭文を献る	三月、三河守藤原輔公、赴任の途中、尾張国府を訪ねる○三月、陸奥守橘道貞、赴任の途中、尾張国府を訪ねる○一〇月二一日、天皇、北野天満宮に行幸
二	一〇〇五		五四	尾張権守の任期終わる○七月一〇日、御書所衆を選ぶ学生試の評定に参加する○七月二一日、	二月二六日、新任の尾張守藤原中清、実資の許を訪れ、二九日赴任

				公任のために中納言・左衛門督を辞職する状を作る○八月一五日、「八月十五夜、江州野亭対月言志」詩と詩序を作る○九月三日、内裏の道長の宿所に詩宴、「賦菊叢花未開」詩を作る○九月九日、清涼殿に重陽宴、「賦菊是花聖賢」詩と詩序を作る○九月十五日、道長、東三条院に詩宴、「賦池水浮明月」詩を作る○九月二八日、浄妙寺鐘銘と序を作る○一〇月一九日、浄妙寺三昧堂供養願文を作る○一一月一三日、敦康親王の読書初めの侍読を勤め、「聴第一皇子初読御注孝経」詩を作る	の由を告げる○一〇月一九日、道長、浄妙寺三昧堂供養を行う○一一月一三日、飛香舎で敦康親王の読書初めが行われる
三	一〇〇六		五五	一月、式部権大輔を辞職する○三月四日、天皇主宰の東三条院の詩宴に「賦度水落花舞」詩と詩序を作り、講師を勤める○三月五日、以前から行っていた天皇への『貞観政要』の進講が終了○この年、天皇に『老子』を進講する	三月四日、挙周、蔵人となる
四	一〇〇七		五六	三月三日、道長、上東門院に曲水宴、「賦因流汎酒」詩と詩序を作る○四月二五・二六日、内裏に詩宴、「賦所貴是賢才」詩を作り、講師を勤める○九月九日、重陽宴、「賦菊花映宮殿」詩と詩序を作る○九月一七日、道長邸に詩宴、	

				「賦秋雁数行書」詩を作る○九月二〇日、東宮学士を辞職する○九月二三日、道長邸に詩宴、「林亭即事」詩を作る○一〇月一日、道長、法性寺に仏像供養を行う。願文を作る○一二月二日、道長、浄妙寺多宝塔供養を行う。願文を作る	
五	一〇〇八		五七	一月一一日、再び式部権大輔となる○五月一日、道長邸に詩宴、「夏夜賦池台即事」詩を作る○一〇月四日、新生の皇子に敦成の名を付ける	九月一一日、彰子、皇子（敦成）を産む。挙周、御湯殿の儀の読書博士となる○一〇月一六日、敦成に親王宣下○一〇月一七日、挙周、敦成親王家の家司となる
六	一〇〇九		五八	一月一五日、美濃守への任官を申請する奏状を奉る○一月二八日、尾張守となる○三月、再び文章博士となる○五月六日、道長邸に詩宴、「賦池清知雨晴」詩と詩序を作る○六月、道長邸に詩宴、「賦松風小暑寒」詩を作る○七月七日、内裏に詩宴、「賦織女理容色」詩を作る○八月二八日、臨時仁王会の呪願文の制作を命じられる○一〇月二八日、尾張の国府に着任○一二月一四日、第二皇子に敦良の名を付ける	四月（か）、源為憲と菅原宣義、匡衡の任官を祝うために来訪する○一一月二五日、彰子、第二皇子（敦良）を産む○一二月二四日、式部大輔菅原輔正没する
七	一〇一〇		五九	二月、式部大輔となる○二月一日、釈奠に参加	

				する○閏二月二三日、臨時仁王会、呪願文を作る○三月一八日、内裏に千部法華経等の供養が行われ、願文を作る○三月三〇日、丹波守に遷任○六月八日、本任（尾張守）の放還を待たず任国へ行くことの許可を請う○一〇月一四日、「初冬与諸君談話」詩を作る○一一月二五日、侍従を兼ねる	
八	一〇一一	三条	六〇	三月二七日、道長、土御門邸に阿弥陀仏・阿弥陀経供養を行う。願文を作る○五月二一日、天皇のために一切経供養の願文を作る○五月二五日、道長に召され易占を行う○八月九日、実資邸を訪れ雑事を語る○八月一一日、一条院四十九日願文（二首）を作る○九月三〇日、内御書所に詩宴、「賦秋唯残一日」詩を作る	二月一〇日、挙周、昇殿を許される○五月二三日、天皇発病○五月二七日、道長、東宮に天皇の譲位の意志を伝える○六月一三日、譲位。三条天皇即位○六月二二日、一条天皇崩ずる○八月一一日、一条天皇四十九日法会
九（長和元）	一〇一二		六一	六月四日、実資の許に人を遣して、死後の挙周と赤染衛門のことを依頼する○六月二五日、北野天神に奉る祭文を作る○七月一六日、没する	五月一五日、彰子、一条院追善の法華八講を行う。願文は匡衡に代わって菅原宣義が作る

主要参考文献

一、史　料

御堂関白記　大日本古記録　岩波書店
小　右　記　大日本古記録　岩波書店
権　　　記　史料纂集　続群書類従完成会
　　　　　　史料大成（寛弘八年以降）　臨川書店
日本紀略　新訂増補国史大系　吉川弘文館
本朝世紀　新訂増補国史大系　吉川弘文館
扶桑略記　新訂増補国史大系　吉川弘文館
公卿補任　新訂増補国史大系　吉川弘文館
類聚符宣抄　新訂増補国史大系　吉川弘文館
朝野群載　新訂増補国史大系　吉川弘文館
中古歌仙三十六人伝　川村晃生「中古歌仙三十六人伝―翻刻・校異・解題―」（『王朝の歌と物語』）　桜楓社　一九八〇年

江吏部集　群書類従巻一三二　続群書類従完成会
木戸裕子「江吏部集試注」（『文献探究』三六号～、『人文（鹿児島県立短期大学人文学会論集）』一二号～、『鹿児島県立短期大学紀要人文・社会科学篇』四九号～に連載、未完）　一九九八年～
今浜通隆『本朝麗藻全注釈』二
「述懐、古調詩、一百韻」の訳注を収載　新典社　一九九八年
大江匡衡集　林マリヤ『匡衡集全釈』　風間書房　二〇〇〇年
赤染衛門集　関根慶子・阿部俊子・林マリヤ・北村杏子・田中恭子『赤染衛門集全釈』　風間書房　一九八六年
本朝文粋　新日本古典文学大系（大曽根章介・金原理・後藤昭雄）　岩波書店　一九九二年
本朝麗藻　川口久雄・本朝麗藻を読む会『本朝麗藻簡注』　勉誠社　一九九三年
和漢朗詠集　新編日本古典文学全集（菅野禮行）　小学館　一九九九年
江談抄　新日本古典文学大系（後藤昭雄・山根對助）　岩波書店　一九九七年
本朝文集　新訂増補国史大系　吉川弘文館
本朝一人一首　新日本古典文学大系（小島憲之）　岩波書店　一九九四年
今昔物語集　新潮日本古典集成（阪倉篤義・本田義憲・川端善明）　新潮社　一九七八年
袋草紙　新日本古典文学大系（藤岡忠美）　岩波書店　一九九五年

続古事談　新日本古典文学大系（荒木浩）　岩波書店　二〇〇五年
通憲入道蔵書目録　日本書目大成第一巻　汲古書院　一九七九年
大日本史料　第二編之七　長和元年七月十六日条

二、論文・研究書

桃裕行『上代学制の研究』（修訂版）　思文閣出版　一九九四年
和田英松『本朝書籍目録考證』　明治書院　一九三六年
川口久雄「大江匡衡と江吏部集」（『平安朝日本漢文学史の研究』第一七章第四節）　明治書院　一九五九年
大曽根章介「大江匡衡―一儒者の生涯―」（『漢文学研究』一〇号）　一九六二年
後藤昭雄「大江匡衡の詩文」（『平安朝漢文学論考　補訂版』）　勉誠出版　二〇〇五年
後藤昭雄「大江匡衡―卿相を夢みた人」（『平安朝文人志』）　吉川弘文館　一九九三年
フランシーヌ・エライユ（三保元訳）「文人官僚・大江匡衡」（『貴族たち、官僚たち』）　平凡社　一九九七年

田島　公「延喜・天暦の「聖代」観」（『岩波講座　日本通史』第五巻古代4）　岩波書店　一九九五年
所　功「平安時代の菅家と江家」（『皇学館大学紀要』一三輯）　一九七五年
佐藤道生「平安時代の策文と対策文」（『Minds of the Past』）　慶応義塾大学21世紀COE心の統合的研究センター　二〇〇五年
斎藤熙子「中将尼考—匡衡・赤染・挙周との関わりをめぐって—」（『赤染衛門とその周辺』）　笠間書院　一九九九年
田中恭子「『匡衡集』における中将尼との贈答歌」（お茶の水女子大学大学院人間文化研究科国際日本学シンポジウム『新しい日本学の構築』Ⅲ）　二〇〇一年
田中恭子「江侍従伝新考」（『国語と国文学』六八巻三号）　一九九一年
田中恭子「赤染衛門のむすめたち—「侍従といひし人」と江侍従—」（『国文』七四号）　一九九一年
清水好子「私家集のかたち—赤染衛門の場合—」（山中裕編『平安時代の歴史と文学　文学篇』）　吉川弘文館　一九八一年
後藤昭雄「白河院の詩遊」（前掲『平安朝漢文学論考　補訂版』）
増田繁夫「花山朝の文人たち」（『源氏物語と貴族社会』）　吉川弘文館　二〇〇二年
後藤昭雄「『勧学会記』について」（『平安朝漢文文献の研究』）　吉川弘文館　一九九三年
金原　理「平安時代漢詩人の規範意識—『本朝文粋』所載の大江匡衡と紀斉名の

省試論争をめぐって―」(『平安朝漢詩文の研究』) 九州大学出版会 一九八一年
熊本守雄 「恵慶集と江吏部集―粟田山庄障子絵と和歌と漢詩―」(『恵慶集 校本と研究』) 桜楓社 一九七八年
木戸裕子 「粟田障子詩考」(『語文研究』七三号) 一九九二年
木戸裕子 「粟田障子十五連作(上・下)」(『文献探究』二七・二九号) 一九九一・一九九二年
本間洋一 「『本朝麗藻巻下』注解(二)」(『北陸古典研究』一〇号) 一九九五年
小林芳規 『平安鎌倉時代に於ける漢籍訓読の国語史的研究』 東京大学出版会 一九六七年
林秀一 「御読書始の御儀に就いて」(『孝経学論集』) 明治書院 一九七六年
氣賀澤保規 『則天武后』 白帝社 一九九五年
後藤昭雄 「敦道親王考」(前掲『平安朝漢文学論考 補訂版』)
池田温 「『貞観政要』の日本流伝とその影響」(『東アジアの文化交流史』) 吉川弘文館 二〇〇二年
松村博司 「尾張国における大江匡衡と赤染衛門―摂関時代の儒官受領夫妻の生活―」(『栄花物語の研究 第三』) 桜楓社 一九六七年
松村博司 「『赤染衛門集』尾張下向歌注解」(『歴史物語研究余滴』) 和泉書院 一九八二年
平林盛得 「慶滋保胤の死」(『慶滋保胤と浄土思想』) 吉川弘文館 二〇〇一年
村井康彦 『平安貴族の社会』 徳間書店 一九六八年

太田郁子　「『和漢朗詠集』の「三月尽」「九月尽」」（『言語と文芸』九一号）　一九八一年
北山円正　「大江匡衡「除夜作」とその周辺」（『神女大国文』一一号）　二〇〇〇年
真鍋熙子　「赤染衛門の周辺―平兼盛と大江匡衡―」（『文学語学』九号）　一九五八年
林屋辰三郎　「藤原道長の浄妙寺について」（『古代国家の解体』）　東京大学出版会　一九五五年
堅田　修　「藤原道長の浄妙寺について―摂関時代寺院の一形態に関する考察―」
（『摂関時代史の研究』）　吉川弘文館　一九七一年
後藤昭雄　「一条朝詩壇と『本朝麗藻』」（前掲『平安朝漢文学論考　補訂版』）
後藤昭雄　『天台仏教と平安朝文人』　吉川弘文館　二〇〇二年
小野泰央　「稽古の力―大江維時論―」（『（中央大学）大学院研究年報』二二号）　一九九三年
林マリヤ　「『匡衡集』から見た大江匡衡の素顔」（『並木の里』四二号）　一九九五年
今浜通隆　「儒者・文人をめざす平安中期の青年群像―大江匡衡・通直・以言の場合を中心に―」（『梅光女学院大学公開講座論集』二六集）　一九九〇年
木戸裕子　「大江匡衡と唐代道教書」（『新世紀の日中文学関係　その回顧と展望』）
勉誠出版　二〇〇三年

著者略歴

一九四三年生まれ
一九七〇年九州大学大学院文学研究科博士課程修了
一九八二年文学博士（九州大学）
現在　大阪大学大学院文学研究科教授

主要著書
平安朝漢文学論考　平安朝漢文文献の研究　平安朝文人志　天台仏教と平安朝文人

人物叢書　新装版

大江匡衡

二〇〇六年（平成十八）三月二十日　第一版第一刷発行

著　者　後藤昭雄《ごとうあきお》
編集者　日本歴史学会
代表者　平野邦雄
発行者　林　英　男

発行所　株式会社 吉川弘文館
東京都文京区本郷七丁目二番八号
郵便番号一一三—〇〇三三
電話〇三—三八一三—九一五一〈代表〉
振替口座〇〇一〇〇—五—二四四
http://www.yoshikawa-k.co.jp/
印刷＝株式会社 平文社
製本＝ナショナル製本協同組合

ISBN 4-642-05235-6

『人物叢書』（新装版）刊行のことば

人物叢書は、個人が埋没された歴史書が盛行した時代に、「歴史を動かすものは人間である。個人の伝記が明らかにされないで、歴史の叙述は完全であり得ない」という信念のもとに、専門学者に執筆を依頼し、日本歴史学会が編集し、吉川弘文館が刊行した一大伝記集である。

幸いに読書界の支持を得て、百冊刊行の折には菊池寛賞を授けられる栄誉に浴した。

しかし発行以来すでに四半世紀を経過し、長期品切れ本が増加し、読書界の要望にそい得ない状態にもなったので、この際既刊本の体裁を一新して再編成し、定期的に配本できるような方策をとることにした。既刊本は一八四冊であるが、まだ未完である重要人物の伝記についても鋭意刊行を進める方針であり、その体裁も新形式をとることとした。

こうして刊行当初の精神に思いを致し、人物叢書を蘇らせようとするのが、今回の企図である。大方のご支援を得ることができれば幸せである。

昭和六十年五月

日本歴史学会

代表者　坂本太郎

日本歴史学会編集

人物叢書〈新装版〉

▽没年順に配列▽残部僅少の書目も掲載してあります。品切の節はご容赦下さい。
▽一二六〇〜二三一〇円(5%税込)▽四六判・カバー装／一四四〜四八〇頁

日本武尊	上田正昭著	熊襲・蝦夷の征討に東奔西走する悲劇の皇子
聖徳太子	坂本太郎著	推理や憶測を排し透徹の史眼で描く決定版！
蘇我蝦夷・入鹿	門脇禎二著	悪逆非道の人間像を内外政治状勢の中に活写
持統天皇	直木孝次郎著	天武の皇后波瀾苦悩の生涯を時代の上に描く
藤原不比等	高島正人著	藤原氏繁栄の礎を築いた稀代の大政治家描く
長屋王	寺崎保広著	邸宅跡発掘と史料駆使し自尽に至る生涯描く
行基	井上薫著	架橋布施屋等社会事業史に輝く奈良時代高僧
光明皇后	林陸朗著	聖武の皇后天平のヒロイン。仏教興隆に尽す
鑑真	安藤更生著	奈良仏教・文化に感化与えた唐招提寺の開祖
藤原仲麻呂	岸俊男著	大臣から逆賊に一転、奈良朝史の秘鍵を解く
道鏡	横田健一著	空前絶後の怪僧。女帝治下の暗闘・陰謀を解く
吉備真備	宮田俊彦著	該博な学識を持つ奈良時代屈指の学者政治家
佐伯今毛人	角田文衞著	東大寺造営の主宰者。渦巻く政局と生涯照射
和気清麻呂	平野邦雄著	勝れた古代革新政治家の真面目を再評価する
桓武天皇	村尾次郎著	人材を登用し清新な政治行った延暦聖主の伝
坂上田村麻呂 新稿版	高橋崇著	征夷の英雄として名高き武将の全生涯を解明
最澄	田村晃祐著	日本天台宗の開祖。思想と行動と波瀾の生涯
円仁	佐伯有清著	最澄の高弟。天台密教を弘めた三世天台座主
伴善男	佐伯有清著	謎秘める応天門の怪火俊敏宰相の数奇な生涯
円珍	佐伯有清著	五世天台座主智証大師の生涯を克明に描く！
菅原道真	坂本太郎著	中傷にあい流謫大宰府に死す学問の神天神様
聖宝	佐伯有清著	聖徳太子の後身として崇められた気高い生涯
三善清行	所功著	『意見封事』で有名な論策家。平安初期漢学者
藤原純友	松原弘宣著	摂関家傍流の中央官人であった純友の生涯
紀貫之	目崎徳衛著	王朝歌壇の偶像から急顚落。業績検討再評価
良源	平林盛得著	叡山中興の祖。平安中期天台座主。元三大師
藤原佐理	春名好重著	三跡の一、平安中期屈指の能書家の生涯描く
紫式部	今井源衛著	源氏物語作者の生涯を社会・政治背景に浮彫

一条天皇　倉本一宏著　摂関家と協調し、王朝文化を開花させた英主
大江匡衡　後藤昭雄著　平安朝漢詩文に優れた足跡を残した名儒の伝
源　信　速水　侑著　日本浄土教の祖と仰がれる『往生要集』著者の伝
源　頼光　朧谷　寿著　大江山酒呑童子退治で有名な頼光の生涯描く
藤原行成　黒板伸夫著　一代の名筆、道長政権下に活躍した貴族官僚
清少納言　岸上慎二著　枕草子の著者。学識と機智に富む稀代の才女
和泉式部　山中　裕著　摂関政治全盛時代の代表的・情熱的女流歌人
源　義家　安田元久著　天下第一武勇の士と称讃された八幡太郎の伝
大江匡房　川口久雄著　平安末期最高の知識人学者兼政治家の人間像
奥州藤原氏四代　高橋富雄著　平泉王国を建設した清衡以下四代の興亡描く
藤原頼長　橋本義彦著　悪左府—保元乱の元凶か？思想と行動を描く
藤原忠実　元木泰雄著　平安後期、落日の摂関家を担い苦闘した人生
源　頼政　多賀宗隼著　平安末の武将・歌人。平氏打倒に蹶起の実像
平　清盛　五味文彦著　朝廷の政治世界に初めて武家政権を開く生涯
源　義経　渡辺　保著　赫々たる武勲と数奇な運命。悲劇の英雄実伝

西　行　目崎徳衛著　「数奇の遁世者」の行実と特異な生涯を描く
後白河上皇　安田元久著　平氏盛衰、権謀術数もちい朝廷の存続はかる
千葉常胤　福田豊彦著　関東の名族、鎌倉幕府建設の大功労者の生涯
源　通親　橋本義彦著　平安〜鎌倉の宮廷政治家・歌人の手腕と業績
畠山重忠　貫　達人著　鎌倉武士の典型。美談に富む誠実礼節の勇士
法　然　田村圓澄著　執拗な弾圧下信念に生き抜いた浄土宗の開祖
栄　西　多賀宗隼著　臨済宗開祖・茶祖。思想文化に感化を与えた名僧
北条義時　安田元久著　実朝暗殺—承久の乱に三上皇流す現実政治家
大江広元　上杉和彦著　鎌倉幕府の確立に貢献した文人政治家の生涯
北条政子　渡辺　保著　頼朝没後尼将軍と謳われた女傑の苦悩浮彫す
慈　円　多賀宗隼著　鎌倉初期の天台座主。勝れた和歌と史論残す
明　恵　田中久夫著　栂尾高山寺の開山。戒律を重視した華厳名僧
藤原定家　村山修一著　中世歌壇の大御所、二条派歌学の祖、歌論家
北条泰時　上横手雅敬著　御成敗式目の制定者。鎌倉幕府稀代の名執権
道　元　新稿版　竹内道雄著　曹洞宗の開祖。偉大な生涯と宗教思想を描く

親鸞　赤松俊秀著　肉食妻帯を自から実践真の民衆宗教を樹立す

日蓮　大野達之助著　余宗排撃と国難来を予言した波瀾情熱の宗祖

北条時宗　川添昭二著　蒙古襲来の真相と若き執権の実像に迫る初伝

一遍　大橋俊雄著　踊り念仏で全国遊行した鎌倉仏教時宗の宗祖

叡尊・忍性　和島芳男著　戒律再興と社会事業に献身した師弟高僧の伝

金沢貞顕　永井晋著　鎌倉末期の執権。衰えゆく幕府を支えた生涯

菊池氏三代　杉本尚雄著　肥後の名族菊池氏―南北朝期活躍の武将描く

新田義貞　峰岸純夫著　尊氏と勢威を競い、戦闘に明け暮れた武将伝

花園天皇　岩橋小弥太著　両統迭立期、公正な態度持した文徳高い天皇

赤松円心・満祐　高坂好著　円心の挙兵、満祐の将軍弑逆等その転変描く

卜部兼好　冨倉徳次郎著　徒然草で有名な中世の隠者・歌人・随筆評論家

覚如　重松明久著　本願寺を創建して真宗教団の基礎を築く名僧

足利直冬　瀬野精一郎著　父尊氏と生涯死闘を演じた波瀾の武将の実伝

佐々木導誉　森茂暁著　南北朝動乱「ばさら大名」。風雲児の生涯描く

細川頼之　小川信著　幼将軍義満を補佐し幕府の基礎固めた名宰相

足利義満　臼井信義著　南北朝を合体し大名を制圧、幕府の基礎固む

今川了俊　川添昭二著　南北朝時代の武将。和歌連歌に勝れた風流文人

上杉憲実　田辺久子著　室町前期の関東管領。足利学校再興者の初伝

一条兼良　永島福太郎著　博学宏才、中世随一の学者。東山文化併せ描く

蓮如　笠原一男著　盛んな布教活動で真宗王国築いた傑僧の生涯

宗祇　奥田勲著　室町後期の連歌師。全国に連歌を広めた生涯

万里集九　中川徳之助著　室町末期の臨済宗一山派の禅僧。文芸と生涯

三条西実隆　芳賀幸四郎著　戦国擾乱の世に公家文化守る教養高い文化人

大内義隆　福尾猛市郎著　文化愛好と貿易富力で山口王国築く戦国大名

ザヴィエル　吉田小五郎著　東洋伝道の使途、わが国最初の耶蘇会宣教師

三好長慶　長江正一著　下剋上の代表と誤解されるが文武備えた武将

武田信玄　奥野高広著　謙信と角逐し信長を畏怖せしめた戦国の名将

朝倉義景　水藤真著　信長に反抗して大敗、越前一乗谷に滅ぶ大名

明智光秀　高柳光寿著　主君弑逆の原因は何か心裡を分析し謎を解く

大友宗麟　外山幹夫著　北九州の雄族キリシタン大名。波瀾・数奇描く

千利休	芳賀幸四郎著	千家流茶祖。自刃し果る数奇な生涯と芸描く
足利義昭	奥野高広著	運命に翻弄された数奇な室町幕府最後の将軍
前田利家	岩沢愿彦著	変転・動乱の世を生き抜く加賀百万石の藩祖
長宗我部元親	山本大著	戦国土佐の大名。南国文化築いた名将の生涯
安国寺恵瓊	河合正治著	秀吉の天下統一援けたが関ヶ原役に敗れ斬首
石田三成	今井林太郎著	秀吉に抜擢されて孤忠尽す。果して奸物か？
真田昌幸	柴辻俊六著	織豊期を必死に生き抜く、処世術と事跡検証
高山右近	海老沢有道著	改宗を肯んぜず国外に追放された切支丹大名
島井宗室	田中健夫著	織豊政権に暗躍した博多の豪商、茶人・貿易家
淀君	桑田忠親著	秀吉の愛妾となり大坂城に君臨自滅した女傑
片桐且元	曽根勇二著	大坂の陣を前に苦悩奔走した真実と実像探る
藤原惺窩	太田青丘著	近世朱子学の開祖。文芸復興の業績と人間像
支倉常長	五野井隆史著	慶長遣欧使節を努めた仙台藩士の実像に迫る
伊達政宗	小林清治著	独眼よく奥羽を制覇し大藩築く、施政と生涯
天草時貞	岡田章雄著	島原乱の指導者。生立ちと一揆の顛末を描く
立花宗茂	中野等著	九州柳川藩の祖。軍記による粉飾拭った実伝
佐倉惣五郎	児玉幸多著	義民惣五郎の実在を証明し事件の真相を解明
小堀遠州	森蘊著	遠州流茶祖。歌道・書・陶芸・造庭の巨匠事蹟
徳川家光	藤井讓治著	「生まれながらの将軍」の四八年の生涯を描く
由比正雪	進士慶幹著	丸橋忠弥らと幕府転覆を企て計破れた快雄伝
林羅山	堀勇雄著	博識を以て家康以下三代に仕えた模範的学者
国姓爺	石原道博著	鄭成功。抗清復明の義挙に参加温血快漢の伝
野中兼山	横川末吉著	土佐藩制確立期の大政治家。善政苛政を浮彫
隠元	平久保章著	招きに応じて渡来尊崇博した禅宗黄檗派の祖
酒井忠清	福田千鶴著	後世に悪者として描かれた江戸前期の政治家
朱舜水	石原道博著	明末の大儒、水戸学に感化与えた高節帰化人
池田光政	谷口澄夫著	備前岡山藩祖。民政・文教に治績をあげた名君
山鹿素行	堀勇雄著	日本中朝主義を提唱、儒学者・兵学者の詳伝
井原西鶴	森銑三著	浮世草子作家の生涯を厳密な作品研究で抉る
松尾芭蕉	河部喜三男著	最近の研究成果踏まえ作品織り成す俳聖の伝

三井高利	中田易直著	財閥三井家の始祖。元禄期に活躍した大商人
河村瑞賢	古田良一著	海運・治水事業に功遂げた江戸時代の大商人
契沖	久松潜一著	僧侶の身で古典を究め近世国学の先駆となる
市川団十郎	西山松之助著	成田屋初代から現十二代までの人と芸の列伝
伊藤仁斎	石田一良著	京都市井の大儒、古学を唱えた堀川学派の祖
徳川綱吉	塚本学著	賞罰厳明・生類憐み―江戸幕府五代将軍の伝
貝原益軒	井上忠著	江戸中期経学医学等広範に功残す福岡藩儒者
前田綱紀	若林喜三郎著	加賀藩中興の名君。藩民政典籍収集の功著大
近松門左衛門	河竹繁俊著	劇作家の氏神の素性と生涯を作品と共に描く
新井白石	宮崎道生著	近世詩壇の王者。和漢洋に亙る博学者の全伝
鴻池善右衛門	宮本又次著	大阪随一の富豪。財閥成長の事歴鮮明にする
石田梅岩	柴田実著	〝心学〟の開祖。生涯と思想行実を巧みに描く
太宰春台	武部善人著	江戸時代を代表する儒者。―その学問と生涯
徳川吉宗	辻達也著	江戸幕府中興の英主。享保改革の実体を究明
賀茂真淵	三枝康高著	国学の巨匠。業績・生涯を時代と共に描く力篇
平賀源内	城福勇著	江戸中期の博物学者戯作者。奇才獄中に憤死
与謝蕪村	田中善信著	江戸時代の代表的文人画家の初の本格的伝記
三浦梅園	田口正治著	多数の驚異的哲理書著わす。近世の大思想家
毛利重就	小川國治著	藩政改革を断行した萩藩「中興の祖」の初伝
本居宣長	城福勇著	国学の大成者。その学問・思想と業績を活写
山村才助	鮎沢信太郎著	鎖国下、世界地理学に先鞭つけた異才の業績
木内石亭	斎藤忠著	江戸中期の奇石蒐集家日本先史学の開拓者！
小石元俊	山本四郎著	蘭学を京都に広め解剖の技倆に優れた先覚者
山東京伝	小池藤五郎著	戯作浮世絵の大家、典型的通人の文芸と生涯
杉田玄白	片桐一男著	蘭学の確立発展に熱情傾け名誉遺した先覚者
塙保己一	太田善麿著	群書類従等古典編集校刊の偉業遂ぐ盲人学者
上杉鷹山	横山昭男著	藩政改革に治績あげた米沢藩主。―封建の名君
大田南畝	浜田義一郎著	蜀山人。天明狂歌壇の王者、作品と生涯描く
小林一茶	小林計一郎著	庶民の哀歓を率直に歌いあげた異色の俳人伝
大黒屋光太夫	亀井高孝著	露領の小島に漂着十一年後送還された運命児

島津重豪	芳 即正著	江戸後期積極的な開化政策推進した薩摩藩主
狩谷棭斎	梅谷文夫著	書誌学・金石学の基礎を築き考証学を大成す
最上徳内	島谷良吉著	江戸後期の蝦夷地探検家。北方問題に寄与大
渡辺崋山	佐藤昌介著	幕末の文人画家。蛮社の獄を招いた悲劇の伝
柳亭種彦	伊狩 章著	『田舎源氏』で空前のブーム起した旗本戯作者
香川景樹	兼清正徳著	公家歌学・尚古的歌論斥け歌壇の革新はかる
平田篤胤	田原嗣郎著	宣長の学統継ぐ国学の巨匠。精力的事蹟描く
間宮林蔵	洞 富雄著	大探検家。幕府隠密。明暗併せ描く異色の伝記
滝沢馬琴	麻生磯次著	晩年失明後も辛苦口述続けた最初の稿料作家
調所広郷	芳 即正著	幕末薩摩藩家老。財政改革の全容と生涯解明
橘 守部	鈴木暎一著	独学古典を研鑽し宣長学を批判。新境地開く
黒住宗忠	原 敬吾著	特異な宗派神道―黒住教の霊能と教祖の実伝
水野忠邦	北島正元著	天保改革を断行した悲劇宰相の業績背景活写
帆足万里	帆足図南次著	日本科学史に異彩放つ先駆者の生涯業績描く
江川坦庵	仲田正之著	太平に眠る幕閣に警鐘ならした幕末の名代官
藤田東湖	鈴木暎一著	代表的な水戸学者。熱血漢波瀾の生涯を描く
広瀬淡窓	井上義巳著	門弟三千幕末の逸材多数を輩出した大教育家
大原幽学	中井信彦著	勝れた下総の農民指導者、協同組合の創始者
島津斉彬	芳 即正著	内政外交に卓抜な英知示した開明派薩摩藩主
月 照	友松圓諦著	西郷と相抱いて薩摩潟に投身した憂国勤皇僧
橋本左内	山口宗之著	安政の大獄に散った偉大な青年の行動と事蹟
井伊直弼	吉田常吉著	開国の先覚か違勅の元凶か？時代と人物活写
吉田東洋	平尾道雄著	幕末土佐藩政改革の主役者。隠れた偉才の伝
佐久間象山	大平喜間多著	識見高邁幕末の開国論者。奔走中凶刃に斃る
真木和泉	山口宗之著	幕末尊攘派の理論的指導者。波瀾の生涯描く
高島秋帆	有馬成甫著	西洋砲術を修め率先洋式兵制と開国を唱道す
シーボルト	板沢武雄著	鎖国下西欧科学を伝えた近代日本の一大恩人
高杉晋作	梅溪 昇著	士庶混成の奇兵隊を創設した幕末の長州藩士
川路聖謨	川田貞夫著	日露和親条約締結の立役者。幕府に殉じた生涯
横井小楠	圭室諦成著	雄藩連合による開明的施策に身命捧げた先覚

山内容堂　平尾道雄著　幕末土佐の名君。詩酒奔放。大政奉還の偉功者

江藤新平　杉谷昭著　明治初期立法の偉功者佐賀乱に敗れて刑死す

和宮　武部敏夫著　公武合体の犠牲―家茂に嫁した数奇な皇女伝

西郷隆盛　田中惣五郎著　太っ腹で誠実、維新三傑の一。大生涯を描く

ハリス　坂田精一著　日本開国の主役―辣腕外交家の真面目を描く

森有礼　犬塚孝明著　伊藤内閣初代文相。各界で活躍した事蹟描く

松平春嶽　川端太平著　幕末越前の名君。波瀾苦悩の生涯と政情描く

中村敬宇　高橋昌郎著　女子教育・盲唖教育を開拓した偉大な啓蒙家

河竹黙阿弥　河竹繁俊著　近世演劇の集大成者。作品解説兼ねる好伝記

寺島宗則　犬塚孝明著　幕末明治の激動期を生きた外務卿の本格的伝

樋口一葉　塩田良平著　貧窮裡に天稟を磨き忽然世を去った薄命作家

ジョセフ＝ヒコ　近盛晴嘉著　漂流渡米し受洗帰化、我国最初の新聞発刊者

勝海舟　石井孝著　機略縦横、不遇未完の政治家を維新期に活写

臥雲辰致　村瀬正章著　ガラ紡織機を発明し日本産業発展史に名残す

黒田清隆　井黒弥太郎著　埋もれた明治の礎石。多彩・悲劇の生涯描く

伊藤圭介　杉本勲著　日本植物学の始祖。近代科学史上の先駆者！

福沢諭吉　会田倉吉著　広範な資料に基づく近代日本の大先覚者の伝

星亨　中村菊男著　凶刃に斃れた明治政界偉材の怒濤・波瀾の伝

中江兆民　飛鳥井雅道著　仏学派代表と目された奇人兆民の理想と生涯

西村茂樹　高橋昌郎著　明治初期の思想家・教育者。多彩な業績紹介

正岡子規　久保田正文著　俳句・和歌の革新に不滅の偉業遂ぐ巨匠描く

清沢満之　吉田久一著　明治仏教界の明星。宗教的天才の思想と生涯

滝廉太郎　小長久子著　「荒城の月」「箱根八里」等名曲残す天才作曲家

田口卯吉　田口親著　近代日本建設に前人未到の足跡残した快男児

福地桜痴　柳田泉著　非凡な才能世に容れられず才人の再評価描く

児島惟謙　田畑忍著　大津事件に司法権独立護持。明治法曹界巨人

荒井郁之助　原田朗著　初代中央気象台長。自然科学の基礎築く先覚

幸徳秋水　西尾陽太郎著　社会主義から無政府主義へ。大逆事件で刑死

ヘボン　高谷道男著　幕末日本に渡来、銘記すべき業績残した恩人

石川啄木　岩城之徳著　薄命の大天才歌人。波瀾の裏面生活を浮彫す

乃木希典　松下芳男著　古武士的風格と家庭生活併せ描く将軍の実伝
岡倉天心　斎藤隆三著　日本美術の優秀性を世界に唱道した大先覚者
桂　太郎　宇野俊一著　長州藩閥のエリートが閥族政治の脱却に挑む
加藤弘之　田畑　忍著　初代東大総長。一世に感化与えた碩学の生涯
山路愛山　坂本多加雄著　明治大正期の卓越した思想家愛山の本格的伝
伊沢修二　上沼八郎著　明治教育界の大開拓者近代教育の基礎を築く
秋山真之　田中宏巳著　独自の兵学で日本海海戦に勝利した戦術家伝
前島　密　山口　修著　郵便の父。近代日本確立期、多彩に活躍の人
成瀬仁蔵　中嶌　邦著　近代女子教育に尽力した日本女子大の創立者
前田正名　祖田　修著　明治殖産興業の推進者広汎な活動克明に描く
大隈重信　中村尚美著　早大創立者。波瀾万丈の偉大な政党政治家！
山県有朋　藤村道生著　国軍建設の父、明治の元勲。絶対主義の権化
大井憲太郎　平野義太郎著　自由民権の急先鋒。労働・社会運動の先駆者
富岡鉄斎　小高根太郎著　セザンヌ・ゴッホに比すべき非凡な文人画家
津田梅子　山崎孝子著　女性解放と女子教育の開拓に精魂尽す先覚者
豊田佐吉　楫西光速著　世界的鉄製自動織機を完成。発明王・紡績王
渋沢栄一　土屋喬雄著　近代日本の発展に多大な役割演じた大実業家
有馬四郎助　三吉　明著　我国行刑史上不滅の名残すクリスチャン典獄
武藤山治　入交好脩著　鐘紡王国建設、時事新報社長等政財界に活躍
坪内逍遙　大村弘毅著　明治大正期文壇に君臨した文豪、劇作評論家
山室軍平　三吉　明著　伝道と社会事業に献身した日本救世軍司令官
南方熊楠　笠井　清著　奇行・型破りの非凡な学者。学問・業績を描く
中野正剛　猪俣敬太郎著　東条に抗し弾圧下に割腹。激動・波瀾の詳伝
河上　肇　住谷悦治著　弾圧下学問的良心守るマルクス主義経済学者
御木本幸吉　大林日出雄著　伝説化した真珠王伝を大きく書き改めた力篇
尾崎行雄　伊佐秀雄著　藩閥に抗し軍国主義と戦う、憲政の神の生涯
緒方竹虎　栗田直樹著　戦後55年体制の礎を築いた政党政治家の足跡

▽以下続刊